GUTE KÜCHE LEICHT GEMACHT

Ländliche Küche aus Frankreich

Reader's Digest

DEUTSCHLAND · SCHWEIZ · ÖSTERREICH

Ein Dorling Kindersley Buch
Originaltitel: Anne Willan's LOOK & COOK: French Country Cooking
Copyright © 1993, 1997 by Dorling Kindersley Limited, London
Text Copyright © 1995, 1997 by Anne Willan

Englische Ausgabe
Konzeption: Carroll & Brown Ltd
Redaktionsdirektorin: Jeni Wright
Art Direktor: Alan Watt

Deutsche Ausgabe
Übertragung und Redaktion: Falko Spiller (Projektleitung),
Joachim Wahnschaffe
Zusätzliche Rezepte: Dr. Irmela Arnsperger
Grafik: Gabriele Stammer-Nowack
Prepress: Andreas Engländer
Produktion: Günter Kress

Ressort Buch
Redaktionsdirektorin: Suzanne Koranyi-Esser
Redaktionsleiterin: Dr. Renate Mangold
Art Direktor: Rudi K. F. Schmidt

Operations
Leitung Produktion Buch: Joachim Spillner

Fotografie
David Murray, Jules Selmes
Ulrich Kopp

Satz und Reproduktion: Lihs GmbH, Medienhaus, Ludwigsburg
Druck und Binden: Milanostampa S.p.A., Mailand

© der deutschsprachigen Ausgabe:
2002 Reader's Digest – Deutschland, Schweiz, Österreich
Verlag Das Beste GmbH – Stuttgart, Zürich, Wien

Die Texte dieses Bands wurden gemäß den Regeln der reformierten
Rechtschreibung verfasst. Das Werk einschließlich aller seiner Teile ist
urheberrechtlich geschützt. Jede Verwendung außerhalb der engen Grenzen
des Urheberrechtsgesetzes ist ohne Zustimmung des Verlags unzulässig
und strafbar. Das gilt insbesondere für Vervielfältigungen, Übersetzungen,
Mikroverfilmungen und die Verarbeitung in elektronischen Systemen.

GR 0052 L/S
Printed in Italy
ISBN 3 89915 046 5

Gute Küche leicht gemacht

Dieser Band der Reihe *Gute Küche leicht gemacht* entstand in Anlehnung an die übrigen Titel der Serie, die aus der Feder von Anne Willan stammen. Anne Willan ist eine bekannte Köchin und Journalistin. Sie veröffentlichte zahlreiche Kochbücher und gründete die berühmte französische Kochschule La Varenne, deren Kurse im Château du Feÿ in Burgund stattfinden. Wie in den anderen Bänden werden Sie auch hier anhand von Rezepten der internationalen Kochkunst in alle Grundtechniken der guten Küche eingeführt.

GERÄTE

Für welches Rezept man sich entscheidet, hängt häufig davon ab, ob alle dafür erforderlichen Küchengeräte vorhanden sind, und vor allem davon, welche Zutaten man braucht. Deshalb finden Sie am Anfang jedes Rezepts eine Übersicht mit Abbildungen von allem, was Sie benötigen. Außerdem genügt ein Blick, und Sie wissen, wie lange die Zubereitung eines Gerichts dauert, für wie viele Personen es gedacht ist und was eventuell im Voraus erledigt werden kann.

ZUTATEN

4–6 PORTIONEN ⌇ ARBEITSZEIT 1 STUNDE ⌇ KOCHZEIT 1¼–1½ STUNDEN

Jeder Arbeitsgang wird in einem eigenen, mit einer Leitfarbe und einer Ziffer gekennzeichneten Abschnitt abgehandelt und in Wort und Bild Schritt für Schritt erklärt. So wissen Sie stets, was Sie tun, warum Sie es tun und wie es dabei aussehen soll. Der *Profi-Tipp* nennt eine Zutat, die Sie anstelle einer anderen nehmen können, erläutert den Grund für den Gebrauch einer bestimmten Methode oder gibt einen Hinweis zur besseren Beherrschung der jeweiligen Technik. Wenn Sie beim Kochen an eine heikle Stelle kommen, macht *Achtung!* Sie darauf aufmerksam und erklärt, warum Vorsicht geboten ist.
Bei vielen Abbildungen gibt es Hinweise, welches Gerät für den betreffenden Arbeitsschritt am besten geeignet ist oder wie das Gericht dabei aussehen sollte.
Und da man auch mit den Augen isst, steht am Ende jedes Rezepts ein Foto des fertigen Gerichts mit Serviervorschlägen.
Und nun überzeugen Sie sich selbst, wie einfach die vielen köstlichen Beispiele von *Ländliche Küche aus Frankreich* unter fachkundiger Anleitung zuzubereiten sind.

Die Redaktion

Inhalt

Warum französische Küche? — 8

Tapenade mit rohem Gemüse — 10
*Variante: Gefüllte Eier mit
schwarzen Oliven und Anchovissauce* — 13

Soufflé aus Avocados — 14

Salat mit warmen Wildpilzen — 16
Variante: Salat mit warmer Hühnerleber — 19

Provenzalische Fischsuppe — 20
Variante: Fischsuppe Beárner Art — 21

Terrine auf ländliche Art — 22
Variante: Wildterrine — 27

Quiche Lorraine — 28
Variante: Quiche mit Lauch und Käse — 33

Elsässische Champignontorte — 34

Galettes mit Meeresfrüchten — 36
Variante: Schinken-Käse-Galettes — 41

Omelett nach Baskenart — 42
Variante: Bauernomelett — 45

Seezungenfilets mit Hummer — 46

Jakobsmuscheln à la Provençale — 48
Variante: Pfeffermuscheln — 51

Entrecôte à la Bordelaise — 52
Variante: Gegrilltes Entrecôte — 53

Gebackener Wolfsbarsch — 54
Variante: Wolfsbarsch „Loire" — 57

Kalbsmedaillons mit Salbei — 58
Variante: Kalbsragout mit Salbei — 59

Ente süßsauer mit Kirschen — 60
Variante: Ente mit Birnen — 65

Stubenküken in Weinblättern — 66
Variante: Stubenküken mit Chicorée — 71

Geschmortes Huhn mit Oliven — 72
*Variante: Geschmortes Huhn
mit Rahmsauce* — 73

Flambiertes Huhn mit Garnelen — 74
Variante: Sautiertes Huhn mit Fenchel — 77

Provenzalisches Kaninchen — 78
*Variante: Huhn mit herbes de Provence
und Knoblauchkartoffeln* — 81

Hasenrücken mit Mousse — 82
Variante: Hasenfilet mit Orangensauce — 83

Cassoulet mit Ente und Lamm — 84
Variante: Bauern-Cassoulet — 89

Kaninchen auf Zigeunerart	*90*
Eintopf mit Lammfleisch	*92*
Variante: Lammratatouille	*95*
Mariniertes Lamm	*96*
Variante: Lamm mit Auberginen	*97*
Lammkeule mit Zwiebelgemüse	*98*
Variante: Lammkeule mit Kartoffeln	*101*
Potée Champenoise	*102*
Pfeffersteak	*104*
Variante: Steak mit Weißwein und Schalotten	*109*
Tournedos auf Art des Béarn	*110*
Variante: Steak auf Jägerart	*111*
Schweinekoteletts mit Senfsauce	*112*
Variante: Kalbskoteletts mit Senfsauce und Perlzwiebeln	*115*
Zucchini-Tian	*116*
Variante: Spinat-Pilz-Tian	*119*
Provenzalisches Gratin	*120*
Variante: Zucchiniterrine mit Joghurt	*121*
Gratin dauphinois	*122*
Variante: Wurzelgemüse-Gratin	*125*
Kirsch-Clafoutis	*126*
Variante: Pflaumen-Clafoutis	*129*
Mirabellensoufflé	*130*
Aprikosen-Haselnuss-Eis	*132*
Variante: Pflaumen-Armagnac-Eis	*135*
Milchreis-Pudding mit Pfirsich	*136*
Variante: Milchreis-Pudding mit Trockenfrucht-Kompott	*139*
Schnee-Eier	*140*
Variante: Schnee-Eier mit Schokoladensauce	*143*
Nuit Saint-Georges	*144*
Apfeltarte Hausfrauenart	*146*
Variante: Apfeltörtchen	*151*
Mandelkuchen nach Art von Bresse	*152*
Variante: Weintraubenkuchen	*153*
Wissenswertes	*154*
Register	*158*
Bildnachweis	*160*

Warum französische Küche?

Noch heute kann sich die französische Küche zu Recht rühmen, die feinsten Zutaten auf der Welt zu verwenden. Der Schlüssel für die Herstellung der Gerichte liegt in der Einfachheit. Das gilt sowohl für edle Gerichte als auch für den Alltag. In diesem Band finden Sie beide Arten.

Vorspeise

Vorspeisen sind, gleichgültig ob kalt oder warm, ob leicht oder üppig, ein Muss am Anfang des französischen Menüs. Zu einer Rohkostplatte wird für die *Tapenade mit rohem Gemüse* (*La Grande Tapenade,* S. 10) eine provenzalische Dip-Sauce, Tapenade, serviert. Eine warme, aber leichte Vorspeise ist das *Soufflé aus Avocados* (*Soufflé d'Avocat,* S. 14); dazu wird ein Teig aus Butter, Mehl, Milch, Avocadopüree und sechs Eiern hergestellt und im Ofen gebacken. Delikat ist der *Salat mit warmen Wildpilzen* (*Salade Tiède aux Champignons Sauvages,* S. 16). Hier werden gemischte Wildpilze mit Schalotten und Petersilie gebraten und auf ein Salatbett aus Frisée, Radicchio und Rauke gelegt. An der Südküste Frankreichs sind Fischsuppen beliebt, z. B. die *Provenzalische Fischsuppe* (*Soupe de Poissons à la Provençale,* S. 20), neben Seefisch kommen aparte Aromen sowie die Knoblauchcreme Aioli hinzu. *Terrine auf ländliche Art* (*Terrine de Campagne,* S. 22) besteht aus einer zerkleinerten Fleischmasse, hier aus Hühnerleber, Schweine- und Kalbshackfleisch.

Hauptgang und Beilage

Die wichtigsten Zutaten für den Hauptgang – Fisch, Fleisch, Wild und Geflügel – werden mit Gemüse, Kräutern, Butter oder Öl und Wein oder Cidre geschmackvoll arrangiert. Überall auf der Welt beliebt, weil sehr delikat, ist die aus Lothringen stammende *Quiche Lorraine* (S. 28). Ein Mürbeteig wird mit einer Mischung aus Speck und Gruyère belegt und mit einem Eier-Sahne-Guss übergossen, bevor die Quiche leicht braun gebacken wird. In Lothringens Nachbarregion, dem Elsass, schätzt man ebenfalls salzige – natürlich aber auch süße – Kuchen. Dazu gehört die *Elsässische Champignontorte* (S. 34), die aus Mürbeteig und einem Belag aus Champignons, Tomaten, Schalotten, Schinken, Crème fraîche und elsässischem Silvaner hergestellt wird. Aus Buchweizenmehl bestehen die *Galettes mit Meeresfrüchten* (*Galettes de Sarrasin aux Fruits de Mer,* S. 36); das sind bretonische Pfannkuchen, sie bekommen eine Füllung aus Seezungenfilets, Jakobsmuscheln, Garnelen, Champignons und Gewürzen. Das *Omelett nach Baskenart* (*Omelette Basquaise,* S. 42) ähnelt einer Tortilla, es wird mit einer Paprikafüllung verrührt und auf beiden Seiten gebraten. Ein besonders edles Essen sind die *Seezungenfilets mit Hummer* (*Filets de Sole à la Cardinale,* S. 46). Hummerstücke werden mit Seezungenfilets umwickelt und mit einer cremigen Weinsauce übergossen. Zu den *Jakobsmuscheln à la Provençale* (*Coquilles St-Jacques à la Provençale,* S. 48) werden die Muscheln in Butter und Öl gebraten und in einer Sauce aus Tomaten, Knoblauch, Basilikum, Thymian und Weißwein gegart. Für ein schnelles Gericht empfiehlt sich das *Entrecôte à la Bordelaise* (S. 52), das man nach dem Braten mit einer Schalotten-Weinsauce übergießt. Köstliche Kräuterbutter ist eine vorzügliche Begleitung für den *Gebackenen Wolfsbarsch* (*Loup Rôti au Beurre de Montpellier,* S. 54); er schmeckt am besten, wenn er sofort nach dem Backen serviert wird. Die *Kalbsmedaillons mit Salbei* (*Médaillons de Veau à la Sauge,* S. 58) sind zu empfehlen, wenn man fettarmes Fleisch essen will oder muss. Sauerkirschen sind die aromatischen Begleiter für die *Ente süßsauer mit Kirschen* (*Canard aux Cérises à l'Aigre-doux,* S. 60). Während die Ente im Backofen brät, werden die Kirschen in einer Karamell-Essig-Mischung weich geköchelt. *Stubenküken in Weinblättern* (*Coquelets à la Vigneronne,* S. 66) sind eine Spezialität in den Weinregionen, wo die Weinblätter frisch gepflückt werden. Ein klassisches südfranzösisches Gericht ist das *Geschmorte Huhn mit Oliven* (S. 72) – man teilt die Hühner in vier Stücke und brät sie zusammen mit Zwiebeln, Knoblauch, Zitronenscheiben und Oliven. *Flambiertes Huhn mit Garnelen* (*Sauté de Poulet aux Crevettes,* S. 74) weist eine ungewöhnliche Kombination aus Huhn und Garnelen auf, das Rezept stammt aus Burgund. Für das Aroma im *Provenzalischen Kaninchen* (*Lapin aux Herbes de Provence, Tomates au Four,* S. 78) sorgt die Kräutermischung *herbes de Provence,* die vor allem aus Thymian, Bohnenkraut und Fenchel besteht. Die *Hasenrücken mit Mousse* (S. 82) eignen sich gut für ein Sonntagsessen, sie werden mit einer Füllung aus Champignon-Sahne-Püree bestrichen und mit einer kräftigen Gemüse-Rotwein-Sauce serviert. *Cassoulet mit Ente und Lamm* (S. 84) ist ein Eintopf aus Lamm, Speck, Würstchen, Tomaten und Kräutern. Kaninchenfleisch enthält sehr wenig Fett, im *Kaninchen auf Zigeunerart* (*Cari de Lapereau à la Bohémienne*, S. 90) wird das Fleisch mit Gemüse geschmort. Der *Eintopf mit Lammfleisch* (*Navarin Printanier*, S. 92) wird aus jungem Lammfleisch und frischem Frühlingsgemüse hergestellt. *Mariniertes Lamm* (*Carré d'Agneau Mariné*, S. 96) sind in eine Marinade eingelegte Lammkoteletts. Eine traditionelle Mischung ist Lammfleisch und Knoblauch, wie hier die *Lammkeule mit Zwiebelgemüse* (*Gigot à l'Ail et aux Echalotes Rôtis*, S. 98), zu der man noch Schalotten zufügt. In der Champagne essen die Menschen zur Weinernte einen schmackhaften Eintopf, die *Potée Champenoise* (S. 102), um sich zu stärken. Sehr beliebt ist in Frankreich das *Pfeffersteak* (*Steak au Poivre*, S. 104), das mit zerstoßenen schwarzen Pfefferkörnern mariniert wird. Nicht weniger berühmt sind die *Tournedos à la Béarnaise* (S. 110), kleine in Öl und Pfeffer marinierte Filetschnitten, die gebraten und mit Kognak flambiert werden. Ihr besonderes Aroma erhalten die *Schweinekoteletts mit Senfsauce* (S. 112) vom Senf aus Dijon. Eine provenzalische irdene Form, das Tian, gibt dem Gericht *Zucchini-Tian* (*Courgette Tian*, S. 116) seinen Namen: ein Gemüsegratin aus Zucchini, Reis, Parmesan und Gewürzen. Bei uns wenig bekannt ist das *Provenzalische Gratin* (*Gratin Provençal*, S. 120). Laut Überlieferung soll es ein Koch am Hof der Päpste in Avignon kreiert haben. Das *Gratin dauphinois* (S. 122) wird zwar nur mit wenigen Zutaten zubereitet, steht aber bei den Lieblingsessen der Franzosen ganz vorn.

Desserts

In der ländlichen französischen Küche werden auch die Desserts hauptsächlich mit Produkten der Region zubereitet. Im Limousin werden Kirschen – traditionell mit Steinen, heute eher ohne Steine – für ein *Kirsch-Clafoutis* (*Clafoutis aux Cerises*, S. 126) verwendet. Aus Lothringen stammt das *Mirabellensoufflé* (*Soufflé de Mirabelle*, S. 130): Die süßen aromatischen Mirabellen werden ins Soufflé gegeben und gebacken. Aus Vanilleeiscreme, Trockenaprikosen und gerösteten, enthäuteten Haselnüssen besteht das *Aprikosen-Haselnuss-Eis* (*Glace Auxerroise*, S. 132) aus dem Burgund. Für den *Milchreis-Pudding mit Pfirsich* (*Terrinée et Chicolle*, S. 136) wird ein Reispudding im Backofen weich gegart; dazu gibt man frische, in Rotwein eingelegte Pfirsichviertel. Die Zutaten für die *Schnee-Eier* (*Œufs à la Neige*, S. 140) sind geschlagene und pochierte Eiweißbällchen, die auf eine Vanillecreme gesetzt und mit Karamell verziert werden. *Nuit Saint-Georges* sind mit Johannisbeergelee überzogene kleine Gebäckwürfel (S. 144) für besondere Anlässe. Jede französische Hausfrau hat ihr eigenes Rezept für eine Apfeltarte, die *Apfeltarte Hausfrauenart* (*Tarte aux Pommes Ménagère*, S. 146) stammt aus der Normandie. Eine besondere Mischung bildet den Belag aus Mandeln und Orangen im *Mandelkuchen auf Art von Bresse* (*Tarte aux Pralines*, S. 152).

Französische ländliche Menüs

Die französischen ländlichen Essen basieren auf den Familienmahlzeiten. Das Mittagessen ist traditionell das längste am Tag, wobei mehrere Gänge serviert werden. Es beginnt z. B. mit einer Scheibe Pâté oder getrockneter Wurst oder einem Möhrensalat. Zum Hauptgang gibt es Huhn oder Fleisch – freitags Fisch – mit Gemüse; darauf folgt Käse, dann Obst. Das Abendessen ist einfacher, gewöhnlich nur ein Gang.
Bei der Planung eines Menüs werden die Jahreszeiten und besondere Gelegenheiten berücksichtigt. Für ein zwangloses Abendessen mit Freunden sind die Tapenade mit rohem Gemüse als Vorspeise und der Gebackene Wolfsbarsch als Hauptgang geeignet, da diese Gerichte sehr einfach zuzubereiten sind. Zum Schluss serviert man französischen Käse und frisches Obst.
Im Herbst kann man ein elegantes Abendessen planen. Das Menü beginnt mit dem Salat mit warmen Wildpilzen. Als Hauptgang kann man Stubenküken in Weinblättern wählen, um die Weinernte zu feiern. Abgerundet wird das Menü mit Apfeltörtchen. Dazu passen als Getränke französische Weiß- und Rotweine nach Geschmack.
Im Sommer bevorzugt man leichtere Gerichte mit besonderen Zutaten. So gibt es zuerst Jakobsmuscheln à la Provençale. Die Tomatensauce kann im Voraus zubereitet, die Muscheln sollten jedoch erst unmittelbar vor dem Servieren gekocht werden. Der Hauptgang Lammkeule mit Zwiebelgemüse verdient eine besondere Beilage, wie ein Zucchini-Tian. Begeisterung erntet man bei Familie und Freunden mit Schnee-Eiern zum Dessert.

Tapenade mit rohem Gemüse

🍽 6–8 Portionen ⏲ Arbeitszeit 30–35 Minuten 🍲 Backzeit 10–15 Minuten

Geräte

Kochmesser

kleines Messer

Gemüseschäler

Küchenmaschine

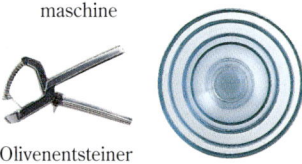

Olivenentsteiner

Schüsseln

Teigschaber

Sägemesser

Backblech

Schneidbrett

In dieser provenzalischen Dip-Sauce, Tapenade, verbinden sich schwarze Oliven, Kapern, Knoblauch und Anchovis zu einem köstlichen Püree, das auch als Brotaufstrich verwendet werden kann.

Im Voraus

Das Püree kann eine Woche im Voraus zubereitet, mit einer dünnen Schicht Olivenöl bedeckt und gut zugedeckt im Kühlschrank aufbewahrt werden. Das Gemüse höchstens 8 Stunden im Voraus vorbereiten und kühl aufbewahren.

Was Sie brauchen

1 mittelgroßes Bund Frühlingszwiebeln
1 rote Paprikaschote
1 grüne Paprikaschote
1 mittelgroße Salatgurke
1 mittelgroßes Bund Radieschen
1 Baguette
250 g Kirschtomaten
Für die Tapenade
4 Knoblauchzehen
200 g schwarze Oliven
6 Scheiben Weißbrot
30 g abgetropfte Kapern
1–2 Anchovisfilets
1/8 l Olivenöl
Zitronensaft nach Belieben
Pfeffer

Zutaten

schwarze Oliven

Weißbrot

Anchovisfilets

Knoblauchzehen

Kapern

Frühlingszwiebeln

Salatgurke

rote Paprika

Olivenöl

Radieschen

Zitronensaft

Kirschtomaten

grüne Paprika

Baguette

Arbeitsfolge

1 Die Tapenade herstellen

2 Das Gemüse vorbereiten und das Gericht fertig stellen

1 Die Tapenade herstellen

1. Das Kochmesser flach auf jede Knoblauchzehe legen und mit der Faust auf die Klinge schlagen. Die Haut abziehen.

Schwarze Oliven aus der Provence sind besonders gut geeignet.

Mit diesem Spezialgerät lassen sich die Oliven leicht entsteinen.

2. Die Oliven entsteinen; die Kerne wegwerfen.

3. Vom Weißbrot mit dem Sägemesser die Kruste abschneiden; sie wird nicht mehr benötigt. Das Brot in grobe Stücke zupfen und in eine mittelgroße Schüssel geben. Mit kaltem Wasser großzügig bedecken. 5 Minuten einweichen lassen.

4. Die eingeweichten Brotstücke mit der Hand ausdrücken und in die Küchenmaschine geben.

Das Olivenöl gleichmäßig zugießen.

5. Knoblauch, Oliven, Kapern und Anchovisfilets zum Brot in die Küchenmaschine geben und grob hacken. Bei laufendem Gerät nach und nach das Olivenöl zufügen. Mit Zitronensaft und Pfeffer abschmecken, dann erneut kurz vermischen.

6. Die Tapenade mithilfe des Teigschabers in eine Schüssel streichen. Zudecken und bis zum Servieren beiseite stellen.

▶ **PROFI-TIPP** *Sie können die Mischung nach Belieben grob oder fein hacken.*

TAPENADE MIT ROHEM GEMÜSE

WIE MAN PAPRIKASCHOTEN VOM STIELANSATZ BEFREIT, ENTKERNT UND ZERKLEINERT

Der Stielansatz und die Samen von Paprikaschoten müssen vor der Verarbeitung des Gemüses entfernt werden.

1 Die Schote rund um den Ansatz einschneiden und den Ansatz herausziehen.

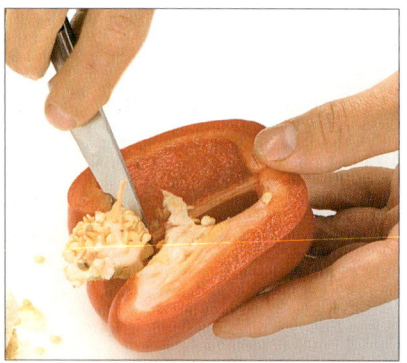

2 Das Gemüse längs halbieren und die Samen herausschaben. Die weißen Rippen innen wegschneiden.

3 Die Hälften mit der Schnittseite nach unten auf die Arbeitsfläche legen und flach drücken; mit dem Kochmesser längs in dünne Streifen teilen. Für Würfel die Streifen bündeln und quer in Stücke schneiden.

2 DAS GEMÜSE VORBEREITEN UND DAS GERICHT FERTIG STELLEN

1 Die Frühlingszwiebeln putzen und zusammen mit einigen von den grünen Blattspitzen in 5 cm große Stücke schneiden. Die Paprikaschoten vorbereiten und in Streifen schneiden (siehe Kasten links).

2 Die Gurke mit dem Gemüseschäler schälen. Die Enden mit dem Kochmesser abschneiden.

Die Gurkenkerne werden nicht benötigt.

3 Das Gemüse der Länge nach halbieren. Mit einem Teelöffel die Kerne aus den Gurkenhälften herausschaben und wegwerfen.

4 Die Gurkenhälften der Länge nach in 2 oder 3 Streifen schneiden, dann die Streifen zusammenlegen und quer in 5 cm dicke Stücke schneiden.

5 Die Radieschen mit dem Kochmesser putzen, dabei ein wenig vom Stiel belassen.

Nach dem Backen sollte das Brot knusprig sein.

6 Den Ofen auf 190 °C (Gas Stufe 3) vorheizen. Mit dem Sägemesser das Baguette schräg in 5 mm dünne Scheiben schneiden, die Enden werden nicht benötigt. Die Scheiben auf das Backblech legen und im vorgeheizten Ofen 10–15 Minuten backen, bis sie knusprig sind und braun werden.

▸ **SERVIER-TIPP** *Die Tapenade in eine kleine Schüssel füllen und in die Mitte einer großen Servierplatte stellen. Die Frühlingszwiebeln, Radieschen, Gurkenstreifen, Paprikastreifen und Kirschtomaten um das Schüsselchen herum anrichten. Das getoastete Brot getrennt dazureichen.*

Tapenade ist ein köstlicher Begleiter zu Aperitifs.

Knuspriges Brot und rohes Gemüse passen ausgezeichnet zur Tapenade.

Gefüllte Eier mit schwarzen Oliven und Anchovissauce

Bei dieser herzhaften Vorspeise aus der Provence werden Eier zunächst hart gekocht und die Eigelbe dann mit der Tapenade vermischt. Die Sauce können Sie eine Woche im Voraus zubereiten, aber die Eier sollten erst am Tag des Servierens gekocht werden.

1 Frühlingszwiebeln, Paprika, Gurke, Radieschen, Kirschtomaten und Baguette weglassen. Die Tapenade wie beschrieben herstellen, dabei das Weißbrot weglassen und 3 Knoblauchzehen, 100 g schwarze Oliven, 2 Anchovisfilets, 2 EL abgetropfte Kapern, 75 ml Olivenöl und Pfeffer nach Geschmack verwenden. 4 weitere Anchovisfilets längs halbieren, dann jede Hälfte quer in 3 Stücke schneiden und für die Garnierung beiseite legen.

2 6 Eier in einen Topf mit kaltem Wasser legen; zum Kochen bringen, dann 10 Minuten köcheln lassen. Von der Kochstelle nehmen und kaltes Wasser zu den Eiern in den Topf geben, damit sie nicht mehr garen. Abkühlen lassen, dann abgießen. Die Eischale aufschlagen, die Eier schälen, mit kaltem Wasser abspülen und trockentupfen.

3 Die Eier längs halbieren, die Eigelbe aus den Hälften herausnehmen. Die Eigelbe mit dem Rücken eines Metalllöffels durch ein Sieb in eine mittelgroße Schüssel streichen. 2 EL des Eigelbs für die Garnierung beiseite stellen. Die Tapenade zum restlichen Eigelb in die Schüssel geben und mit einem Holzlöffel gut verrühren.

4 Kurz vor dem Servieren die Eihälften füllen. Dazu die Tapenade-Eigelb-Mischung in einen Spritzbeutel mit großer Sterntülle füllen und Rosetten in die Eihälften spritzen. Alternativ können Sie auch einen Teelöffel benutzen. Jede Hälfte mit etwas von dem zurückbehaltenen Eigelb und 2 Anchovisstücken garnieren. Die gefüllten Eier auf eine Servierplatte legen und mit Petersilienstängeln garnieren. Ergibt 4–6 Portionen.

Soufflé aus Avocados

🍽 4 Portionen ⏲ Arbeitszeit 20 Minuten ☕ Backzeit 20 Minuten

1 Die Butter in einen Topf geben und bei schwacher Hitze langsam erhitzen.

2 Das Mehl zufügen und kräftig umrühren, bis ein hellgelber Mehlkloß entstanden ist. Erkalten lassen.

3 In der Zwischenzeit die Milch aufkochen, dann über den erkalteten Kloß gießen.

4 Mit einem Schneebesen schnell verrühren. Mit Salz, Pfeffer und Muskatnuss würzen.

5 Die Avocados halbieren, entsteinen und schälen. Im Mixer pürieren oder durch ein Sieb streichen.

6 Die Eier trennen. Die Eigelbe mit dem Avocadopüree verrühren.

7 Mit dem Kloß in einen Topf geben. Unter ständigem Rühren aufkochen lassen und sofort von der Kochstelle nehmen. Den Ofen auf 200 °C (Gas Stufe 3–4) vorheizen.

Vor einem üppigen Hauptgericht können Sie dieses Soufflé als leichte warme Vorspeise servieren. In Frankreich verwendet man für ein Soufflé oft auch Reste vom Mittagessen. Es gibt salzige und süße Soufflés. Wichtig ist, dass sie nach dem Backen sofort aus dem Ofen genommen und serviert werden, sonst fallen sie zusammen. Die wichtigste Zutat für Soufflés sind frische Eier. Für die Mikrowelle sind Soufflés ungeeignet.

Was Sie brauchen
100 g Butter
80 g Mehl
1 l Milch
Salz
schwarzer Pfeffer aus der Mühle
geriebene Muskatnuss
4 mittelgroße Avocados
6 Eier
Butter für die Form

8 Die Eiweiße steif schlagen, bis sich Spitzen gebildet haben, dann unter den Teig heben. Abschmecken und bei Bedarf nachwürzen. Eine Souffléform mit Butter ausfetten.

9 Den Teig einfüllen und im vorgeheizten Ofen 20 Minuten backen. Das Soufflé sollte über den Rand der Form hochsteigen und goldgelb werden. Aus dem Ofen nehmen und sofort servieren.

▶ **PROFI-TIPP** *Das Eiweiß sollte auf keinen Fall unter den Teig gerührt, sondern nur vorsichtig untergehoben werden, da das Soufflé sonst nicht hochsteigt. Die Souffléform kann man nach dem Ausbuttern mit Mehl ausstreuen, bevor man die Masse einfüllt. Das fertige Soufflé wird in der Form serviert und darf nicht herausgenommen werden.*

▶ **SERVIER-TIPP** *Dazu passt ein leichter trockener französischer Weißwein.*

Salat mit warmen Wildpilzen

¶⊙¶ 4 Portionen ⌣ Arbeitszeit 25–30 Minuten ♨ Kochzeit 8–10 Minuten

Geräte

große Bratpfanne* · Kochmesser · Holzlöffel · kleines Messer · Schneebesen

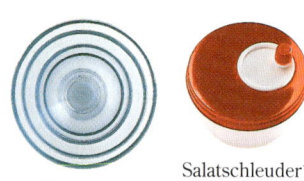
Schüsseln · Salatschleuder*

Schneidbrett

Küchenpapier

*oder Geschirrtuch

Wildpilze sind eine wahre Delikatesse und einfach zuzubereiten. Hier werden sie zusammen mit gehackten Schalotten und Petersilie gebraten und anschließend auf einem Salatbett serviert.

Im Voraus

Die Vinaigrette hält sich in einem gut verschlossenen Gefäß bis zu einer Woche. Das Salatgemüse kann man einen Tag im Voraus vorbereiten; man wickelt es unvermischt in ein feuchtes Geschirrtuch und bewahrt es im Kühlschrank auf.

Was Sie brauchen

1 kleiner Kopf Frisée, etwa 125 g
1 kleiner Kopf Radicchio, etwa 75 g
75 g Rauke
375 g gemischte Wildpilze, z. B. Pfifferlinge, Steinpilze und Herbsttrompeten
2 Schalotten
1 kleines Bund Petersilie
30–45 g Butter
Für das Vinaigrette-Dressing
2 EL Rotweinessig
½ TL Dijonsenf
Salz und Pfeffer
3 EL Pflanzenöl
3 EL Walnussöl

Zutaten

Pflanzenöl · gemischte Wildpilze · Rotweinessig

Radicchio · Rauke · Butter

Petersilie · Walnussöl · Schalotten

Frisée · Dijonsenf

▶ **Profi-Tipp** *Da frische Wildpilze in der Regel sehr teuer sind, können Sie auch zur Hälfte junge Zuchtchampignons verwenden.*

Arbeitsfolge

1 Das Dressing herstellen; das Salatgemüse vorbereiten

2 Die Wildpilze vorbereiten; den Salat fertig stellen

Salat mit warmen Wildpilzen

1 Das Dressing herstellen; das Salatgemüse vorbereiten

1 Das Vinaigrette-Dressing herstellen (siehe Kasten unten). Vom Frisée die harten äußeren Blätter entfernen. Die restlichen Blätter in 2–3 Stücke zerteilen und in eine Schüssel kaltes Wasser geben.

2 Vom Radicchio alle verfärbten und welken Blätter entfernen; den Wurzelansatz wegschneiden. Die Blätter trennen und zum Frisée in die Schüssel geben.

Alle Salatblätter werden zusammen gewaschen.

Die harten Stiele entfernt man, bevor die Blätter gewaschen werden.

3 Von der Rauke die harten Stiele entfernen. Die Blätter zu den übrigen Salaten in die Schüssel geben.

4 Die Frisée-, Radicchio- und Raukeblätter gründlich waschen. In einer Salatschleuder trocknen oder mit einem Geschirrtuch trockentupfen. Dann die Salatblätter in eine große Schüssel geben.

Wie man eine Vinaigrette herstellt

Das Mengenverhältnis von Öl und Essig hängt bei einer Vinaigrette vom persönlichen Geschmack und den übrigen verwendeten Zutaten ab; im Allgemeinen beträgt es 3 Teile Öl auf einen Teil Essig.

In einer kleinen Schüssel Rotweinessig, Dijonsenf, Salz und Pfeffer mit dem Schneebesen verrühren. Pflanzen- und Walnussöl gleichmäßig zugießen, bis sich die Zutaten zu einer Emulsion verbunden haben. Abschmecken.

Die Vinaigrette sorgfältig verrühren.

Salat mit warmen Wildpilzen

2 Die Wildpilze vorbereiten; den Salat fertig stellen

1 Die Wildpilze mit feuchtem Küchenpapier abreiben. Nur waschen, wenn sie sehr schmutzig sind. Nicht in Wasser einweichen. Die Stiele einkürzen, holzige Teile entfernen.

Holzige Pilzteile mit einem Messer entfernen.

2 Die Pilze auf das Schneidbrett legen und mit dem Kochmesser in mittelgroße Stücke schneiden.

3 Die äußere Hülle der Schalotten abziehen und das Gemüse halbieren. Die Hälften auf das Schneidbrett legen und zum Wurzelansatz hin mehrmals waagrecht ein-, aber nicht völlig durchschneiden. Nun senkrecht einschneiden, aber ebenfalls nicht am Wurzelansatz durchtrennen. Dann die Schalottenhälften quer in kleine Würfel schneiden.

Die Petersilienblätter mit den Fingern von den Stängeln zupfen.

4 Die Petersilienblätter von den Stängeln zupfen, auf das Schneidbrett häufen und mit dem Kochmesser fein hacken.

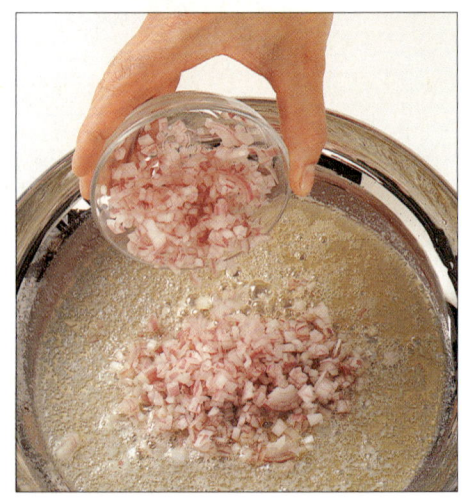

5 In der Pfanne die Butter erhitzen, bis sie schäumt. Die Schalotten zufügen und unter gelegentlichem Rühren 2–3 Minuten braten, bis sie weich sind.

6 Pilze, Salz und Pfeffer zufügen und unter Rühren 5–7 Minuten anbraten, bis die Pilze weich sind und die Flüssigkeit verdampft ist. Die fein gehackte Petersilie zugeben und mit dem Pilzgemüse vermischen. Abschmecken.

Die Petersilie wird zugefügt, wenn die Pilze gar sind.

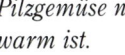

7 Unmittelbar vor dem Servieren das Dressing kräftig aufschlagen und über die Salatblätter gießen. Dann die Zutaten vorsichtig mischen, bis die Blätter gleichmäßig von der Vinaigrette überzogen sind. Abschmecken.

▶ **ACHTUNG!** *Die Salatblätter erst kurz vor dem Servieren mit dem Dressing überziehen, da sie sonst welk werden.*

▶ **SERVIER-TIPP** *Die Salatblätter auf 4 Portionsteller verteilen und das Pilzgemüse gleichmäßig darauf geben. Sofort servieren, solange die Salatblätter noch knackig sind und das Pilzgemüse noch warm ist.*

Wildpilze besitzen ein kräftiges Aroma.

Nach Belieben können Sie unterschiedliche Salatsorten verwenden.

Salat mit warmer Hühnerleber

Bei dieser Variante, die man in vielen französischen Bistros auf der Speisekarte findet, ersetzt gebratene Hühnerleber die Wildpilze.

1 Wildpilze und Petersilie weglassen. Das Vinaigrette-Dressing wie beschrieben herstellen und die Salatblätter vorbereiten. 4 Hühnerlebern (Gesamtgewicht etwa 125 g) mit einem kleinen Messer gegebenenfalls von dünner Haut befreien, dann jede Leber in 3 Stücke schneiden. Von 5–7 Stängeln frischem Estragon die Blätter zupfen und grob hacken.
2 Die Salatblätter erst mit dem Dressing überziehen, dann gleichmäßig auf 4 Teller verteilen.
3 In einer Pfanne 30 g Butter zerlassen; die Schalotten zufügen und braten, bis sie weich sind. Die Leberstücke zufügen, salzen und pfeffern. Die Leber bei großer Hitze unter Umrühren 1–2 Minuten braten, bis sie außen braun ist.
4 2 EL Rotweinessig zur Leber in die Pfanne gießen und zum Kochen bringen; dabei rühren, um den Bratensatz zu lösen. Den gehackten Estragon unterrühren. Jeweils 3 Stücke Hühnerleber zusammen mit etwas vom Bratensaft auf die Teller mit den vorbereiteten Salatblättern geben. Sofort servieren.

Provenzalische Fischsuppe

🍽 6 Portionen   ⏲ Arbeitszeit 1 Stunde   ♨ Kochzeit 10 Minuten

1 Die Zwiebeln abziehen. Die Orange waschen und trocknen, dann die Schale mit einem Zestenschneider dünn abschneiden. Thymian und Lavendelzweig oder -blüten waschen und trockentupfen.

2 Die Zwiebeln, den Thymian, den Lavendelzweig oder die Lavendelblüten, die Fenchelsamen oder den Aufgussbeutel, die Lorbeerblätter und die Orangenschale in einen Topf geben.

3 Den Fisch unter fließend kaltem Wasser abspülen und trockentupfen. Anschließend in Stücke schneiden, dabei die Gräten entfernen. Den Fisch in den Topf geben. Salzen und pfeffern.

4 Das Wasser aufkochen, dann über den Fisch und die Gewürze gießen, bis alles knapp bedeckt ist. 10 Minuten bei schwacher Hitze ziehen lassen.

5 Inzwischen für das Aioli die Knoblauchzehen abziehen. Eine Zehe beiseite

Wenn die Bewohner der kleinen Orte in der Provence Kräuter zum Würzen brauchen, machen sie einen Spaziergang auf den nächsten Hügel und holen sich dort Rosmarin, Lorbeer oder Thymian.

WAS SIE BRAUCHEN

2 Zwiebeln
1 unbehandelte Orange
3 Thymianstängel
1 grüner Lavendelzweig oder 1/2 TL getrocknete Lavendelblüten
1 TL Fenchelsamen oder 1 Aufgussbeutel Fencheltee
2 Lorbeerblätter
1,5 kg Schellfisch oder Seeteufel oder Seehecht
Salz
schwarzer Pfeffer aus der Mühle
3/4 l Wasser
Für das Aioli
7 Knoblauchzehen
1 TL scharfer Senf
6 Eigelb
1/4 l Olivenöl
1 Zitrone
6 Scheiben Weißbrot
einige Lavendelzweige

legen, die anderen durch die Knoblauchpresse drücken. Den Knoblauch, den Senf und 2 Eigelbe mit den Schneebesen des Handrührgeräts oder im Mixer verrühren.

6 Unter Rühren das Öl in einem dünnen Strahl zugießen, bis eine feste Creme entstanden ist. Die Zitrone auspressen. Das Aioli nach Belieben mit 1–2 TL Zitronensaft sowie Salz und Pfeffer würzen.

7 Die Weißbrotscheiben im Toaster rösten und mit der verbliebenen Knoblauchzehe einreiben. Die Brotscheiben auf eine tiefe Platte legen. Die Fischstücke mit einem Schaumlöffel aus dem Topf nehmen und auf das Brot legen. Mit Fischbrühe begießen, bis das Brot sich vollgesogen hat.

8 Die verbliebene Brühe durch ein Sieb gießen. Die übrigen Eigelbe unter das Aioli rühren. Das Aioli in einen Topf geben und unter ständigem Rühren die Fischbrühe zugießen und erhitzen, aber nicht aufkochen lassen.

9 Etwas cremige Suppe auf den Fisch geben; die restliche Creme dazureichen. Die Lavendelzweige waschen, trockentupfen, fein hacken und über die Suppe streuen.

▶ **PROFI-TIPP** *Besonders aromatisch ist der Lavendel in der Provence, wenn er im Juli und August in Blüte steht. Man kann diese Sommersuppe auch mit Lavendelzweigen aus dem Garten oder dem Blumentopf zubereiten.*

▶ **SERVIER-TIPP** *Dazu passt ein kräftiger Weißwein aus der Provence oder ein gut gekühlter Rosé, z. B. Cassis-sur-mer oder Cavalaire.*

Fischsuppe Béarner Art

Die Suppe ist eine Spezialität aus dem Béarn, einer Landschaft im Südwesten Frankreichs, und ähnelt einem Fischragout. Zu diesem Gericht gehören eigentlich Atlantikfische, die bei uns bis auf den Knurrhahn, der in der Nordsee vorkommt, nur schwer erhältlich sind. Man kann auch andere Seefische nehmen.

1 Die Köpfe eines großen Knurrhahns, eines Drachenfischs und eines Seeaals abschneiden. Die Köpfe und den Kopf eines Seehechts waschen und in grobe Stücke hacken. Eine halbe Zwiebel abziehen und eine Scheibe abschneiden. Eine Knoblauchzehe abziehen und durch eine Knoblauchpresse drücken. Fischköpfe, Zwiebelscheibe, Knoblauch, ein Bouquet garni und 2 EL Olivenöl in einen Topf geben. Zudecken und bei schwacher Hitze 5–7 Minuten schmoren, dann 1/2 l Weißwein zugießen und auf die Hälfte einkochen.

2 2 Tomaten überbrühen, abziehen und in Stücke schneiden, dabei entstielen. Eine rote Paprikaschote entstielen, halbieren, entkernen, waschen und in Streifen schneiden. 1 1/2 l Wasser, Tomaten, Paprikaschote, Salz, schwarzen Pfeffer und Cayennepfeffer zur Suppe geben. Aufkochen und dann zugedeckt bei schwacher Hitze eine Stunde köcheln lassen.

3 In der Zwischenzeit den Knurrhahn, den Drachenfisch und den Seeaal waschen, trockentupfen und filetieren. 1 kg Muscheln abbürsten. Alles salzen und pfeffern. In einer Pfanne 8 EL Olivenöl erhitzen und die Fische darin goldbraun braten. Auf Küchenpapier entfetten, dann in einen Suppentopf geben.

4 Die Suppe durch ein Sieb in den Topf gießen. Aufkochen und 5 Minuten kochen lassen. Die Muscheln zugeben und nochmals aufkochen lassen. Ein Bund Petersilie waschen, trockentupfen und fein hacken. 4 Weißbrotscheiben in 1 EL Olivenöl braten und dazu servieren. Die Petersilie über die Suppe streuen.

Terrine auf ländliche Art

🍽 8–10 Portionen   🥣 Arbeitszeit 35–40 Minuten*   ♨ Backzeit 1¼–1½ Stunden

Geräte

- Terrinenform mit Deckel (30 × 7,5 × 7,5 cm)
- Bratenpfanne
- Küchenpapier
- mittelgroßer Topf
- Sieb
- Metallspieß
- Schneidbrett
- mittelgroße Bratpfanne
- Schüsseln
- Kochmesser
- Palette
- großer Metalllöffel
- Holzlöffel
- kleines Messer

Terrinen basieren auf einer Masse aus zerkleinertem Fleisch, auch Farce genannt, deren Struktur sowohl glatt als auch grob sein kann. Aufgrund seines Fettgehalts ist Schweinefleisch eine wichtige Zutat.

Im Voraus

Die Terrine kann bis zu 5 Tage im Voraus fertig gestellt und zugedeckt im Kühlschrank aufbewahrt werden.

* plus eine Stunde zum Marinieren und 24 Stunden zum Kühlen

Was Sie brauchen

1 dicke Scheibe gekochter Schinken, etwa 125 g
2 EL Weinbrand
1 mittelgroße Zwiebel
2–3 frische Thymianzweige
2 Knoblauchzehen
125 g Hühnerleber
15 g Butter
625 g Schweinehackfleisch (halb Fett, halb schieres Fleisch)
250 g Kalbshackfleisch
¼ TL gemahlener Piment
1 Prise gemahlene Muskatnuss
1 Prise gemahlene Nelken
2 Eier
1 Lorbeerblatt
Salz, Pfeffer
8–10 Einlegegurken
Zum Auskleiden und Abdichten der Terrinenform
250 g fetter Speck
45 g Mehl
2–3 EL Wasser

Zutaten

- gekochter Schinken
- Hühnerleber
- Kalbshackfleisch

- Schweinehackfleisch
- Eier
- fetter Speck

- gemahlene Muskatnuss

- Einlegegurken
- Weinbrand
- Zwiebel

- gemahlener Piment
- Knoblauchzehen

- gemahlene Nelken
- frischer Thymian
- Butter

- Lorbeerblatt
- Mehl

▶ **PROFI-TIPP** *Der Speck sollte in möglichst dünne, großflächige Scheiben geschnitten sein, damit sich die Form einfach damit auskleiden lässt.*

Arbeitsfolge

1 Die Zutaten vorbereiten

2 Die Terrine vorbereiten und backen

3 Die Terrine fertig stellen

Terrine auf ländliche Art

1 Die Zutaten vorbereiten

1 Die Scheibe gekochten Schinken auf das Schneidbrett legen und mit dem Kochmesser in etwa 1 cm breite Streifen schneiden.

2 Schinken, Weinbrand, Salz und Pfeffer in einer Schüssel mischen. Zugedeckt eine Stunde marinieren. In der Zwischenzeit die anderen Zutaten vorbereiten.

3 Die Zwiebel abziehen, dabei den Wurzelansatz belassen; dann längs halbieren und die Hälften flach auf das Schneidbrett legen. Erst mehrmals waagrecht, dann senkrecht bis zur Wurzel ein-, aber nicht durchschneiden, sodass die Scheiben zusammenbleiben. Zum Schluss die Zwiebelhälften mit Querschnitten hacken. Weiter hacken, bis die Würfel sehr fein sind.

4 Die Thymianblätter von den Zweigen streifen. Den Knoblauch abziehen und fein hacken (siehe Kasten rechts). Gegebenenfalls die Hühnerleber mit dem kleinen Messer von dünner Haut befreien, dann grob hacken.

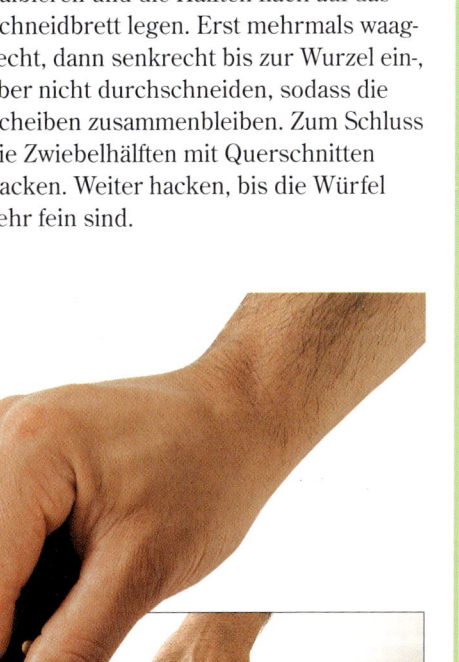

Die Hühnerleber verleiht der Terrine einen besonders feinen Geschmack.

Wie man Knoblauch abzieht und hackt

Knoblauch ist umso aromatischer, je älter und trockener er ist; wenn er frisch ist, nimmt man etwas mehr.

1 Die Zehen trennen, dazu mit den Fingern aus der Knolle ziehen. Wahlweise mit dem Handballen auf die Knolle drücken, um die Zehen zu trennen. Die Haut lösen, dazu ein Kochmesser mit der flachen Klinge leicht auf die Zehen drücken.

2 Mit den Fingern die Haut von den Knoblauchzehen abziehen.

3 Die Zehen zerdrücken. Dazu das Messer flach auflegen und mit der Faust darauf schlagen. Zum Schluss die Zehen mit der Messerklinge fein wiegen.

Terrine auf ländliche Art

5 Die Butter in der Pfanne zerlassen; die Zwiebel zufügen und 3–5 Minuten braten, bis sie weich und braun ist. In eine Schüssel geben; abkühlen lassen.

6 Knoblauch, Thymian, Hühnerleber, Schweine- und Kalbshackfleisch, Piment, Muskatnuss, Nelken, Salz und Pfeffer zugeben. Mit dem Holzlöffel mischen.

7 Die Eier in eine Schüssel aufschlagen. Mit einer Gabel kurz verrühren, dann zu der Farce geben.

Die Schinkenstreifen nehmen das Aroma des Weinbrands an.

Die Mischung besteht aus Kalbfleisch, Schweinefleisch, Kräutern und Gewürzen.

8 Die Marinade durch ein Sieb zur Farce geben. Die Schinkenstreifen zurückbehalten. Mit dem Holzlöffel 1–2 Minuten durchrühren, bis die Masse zusammenhält.

9 Die Pfanne mit Küchenpapier ausreiben. Eine kleine Portion von der Farce in die Pfanne geben und 1–2 Minuten braten, bis die Masse auf beiden Seiten gebräunt ist. Abschmecken.

▶ **PROFI-TIPP** *Die Mischung sollte recht würzig schmecken.*

2 Die Terrine vorbereiten und backen

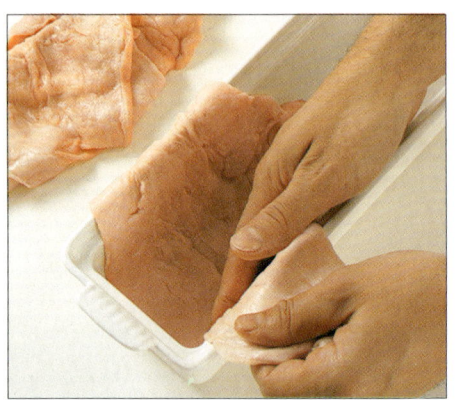

1 Den Ofen auf 180 °C (Gas Stufe 2 bis 3) vorheizen. Eine Scheibe fetten Speck beiseite legen, mit dem restlichen Speck die Terrinenform auskleiden.

2 Die Hälfte der Farce in die ausgekleidete Form füllen. Auf der Farce die Schinkenstreifen der Länge nach so anordnen, wie im Bild unten rechts dargestellt.

Eine Scheibe fetter Speck wird zum Bedecken der Farce zurückbehalten.

TERRINE AUF LÄNDLICHE ART

3 Die restliche Farce auf den Schinkenstreifen verteilen. Überhängenden Speck über die Füllung schlagen, dann mit der zurückbehaltenen Speckscheibe bedecken. Mit dem Lorbeerblatt garnieren und die Form verschließen.

Die Hackfleischmischung gleichmäßig über die Schinkenstreifen geben.

Der fette Speck, der an den Seiten der Form überhängt, wird vor dem Backen über die Füllung geschlagen.

4 Mehl und Wasser in eine kleine Schüssel geben und mit den Fingern zu einer glatten Paste verarbeiten.

5 Die Spalte zwischen Deckel und Formrand mit der Paste versiegeln; dazu die Finger benutzen.

6 Die Form in die Bratenpfanne stellen. Bis zur halben Höhe der Form heißes Wasser zugießen. Die Bratenpfanne auf den Herd stellen, das Wasser zum Kochen bringen. Dann die Bratenpfanne in den vorgeheizten Backofen stellen.

7 Die Terrine im Wasserbad etwa 1¼–1½ Stunden im Ofen garen, bis sich der mittig eingestochene Metallspieß beim Herausziehen heiß anfühlt. Die Terrine aus dem Wasserbad nehmen und abkühlen lassen, bis sie lauwarm ist.

8 Den Deckel abnehmen, die Terrine mit Folie zudecken und beschweren. Mindestens einen Tag im Kühlschrank durchziehen lassen, damit die Aromen verschmelzen.

▶ **PROFI-TIPP** *Ein 500-g-Gewicht reicht aus, um die Terrine zu beschweren. Dadurch lässt sie sich beim Servieren leicht schneiden.*

Mit der Messerspitze lässt sich der Deckel leicht von der Form lösen.

TERRINE AUF LÄNDLICHE ART

3 DIE TERRINE FERTIG STELLEN

Die Gurken leicht mit dem Daumen flach drücken.

Gurkenfächer sind eine attraktive Alternative zu ganzen Einlegegurken.

1 Jede der Einlegegurken bis zum Stielansatz der Länge nach vier- bis fünfmal durchschneiden, den Stielansatz lassen.

2 Die aufgeschnittenen Gurken mit dem Daumen vorsichtig flach drücken, sodass eine Art Fächer entsteht.

3 Mit dem Metalllöffel überschüssiges Fett von der Oberseite der Terrine abschaben; es wird nicht mehr benötigt.

Erstarrtes Fett lässt sich leicht entfernen.

4 Die Spitze des kleinen Messers in heißes Wasser tauchen und damit am Formrand entlangfahren, um die Terrine zu lösen.

6 Die Terrine mit dem Kochmesser in etwa 1 cm breite Scheiben schneiden.

Vorsichtig schneiden, damit die Scheiben nicht zerfallen.

5 Die Terrinenform mit beiden Händen gut festhalten und die Terrine aus der Form auf das Schneidbrett stürzen.

7 Die Terrinenscheiben auf Portionsteller verteilen und mit den Gurkenfächern garnieren.

Die Gurkenfächer mit der Palette auf die Teller legen.

▶ **SERVIER-TIPP** *Servieren Sie die Terrine zusammen mit Silberzwiebeln und knusprigem Brot.*

Der fette Speck wird vor dem Verzehr der Terrine entfernt.

Die Terrine kann leicht gekühlt oder bei Raumtemperatur serviert werden.

Wildterrine

Bei diesem vor allem zur Jagdzeit im Herbst von den Franzosen geschätzten Gericht wird das gehackte Kalbfleisch durch Rehfleisch ersetzt. Sollte kein Rehfleisch erhältlich sein, können Sie stattdessen auch dieselbe Menge Fasanen- oder Wildkaninchenfleisch verwenden.

1 Schinken, Kalbshackfleisch und Einlegegurken weglassen. Ein Stück Rehfleisch (125 g) in 1 cm breite Streifen schneiden. Mit der flachen Klinge eines Kochmessers 3 Wacholderbeeren zerdrücken. Weinbrand, zerdrückte Wacholderbeeren, Salz und Pfeffer in einer Schüssel mischen. Das Rehfleisch zugeben und wie im Hauptrezept beschrieben marinieren.

2 Die Farce wie beschrieben herstellen, dabei 250 g gehacktes Rehfleisch statt dem Kalbfleisch verwenden und 60 g Pistazien ohne Schale zu der Mischung geben. Eine kleine Portion der Farce anbraten, die restliche Fleischmasse abschmecken.

3 Die Terrine wie beschrieben fertig stellen, dabei die Form statt mit fettem Speck mit 250 g durchwachsenem Speck auskleiden und die Schinkenstreifen durch die Rehfleischstreifen ersetzen. Die Terrine wie beschrieben backen, stürzen und in Scheiben schneiden.

Quiche Lorraine

6 Portionen · **Arbeitszeit 45–50 Minuten*** · **Backzeit 30–35 Minuten**

Geräte

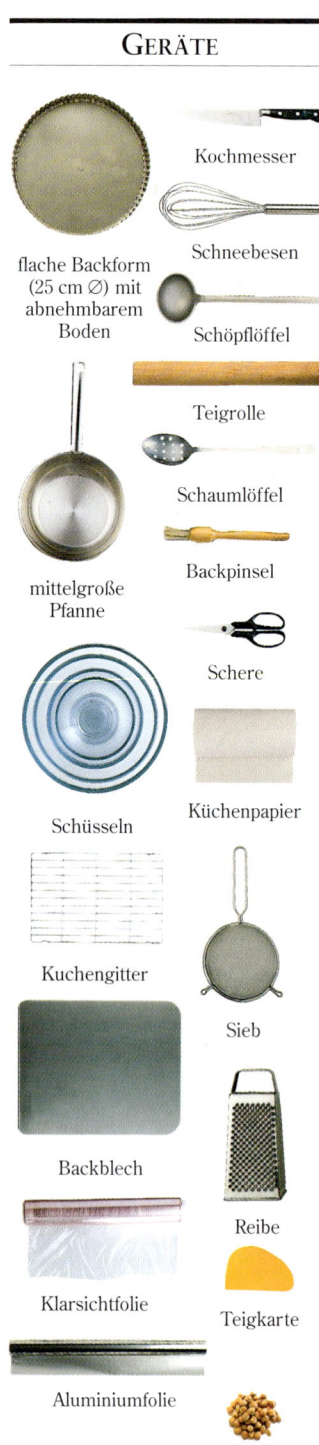

- flache Backform (25 cm ∅) mit abnehmbarem Boden
- Kochmesser
- Schneebesen
- Schöpflöffel
- Teigrolle
- Schaumlöffel
- Backpinsel
- mittelgroße Pfanne
- Schere
- Schüsseln
- Küchenpapier
- Kuchengitter
- Sieb
- Backblech
- Reibe
- Klarsichtfolie
- Teigkarte
- Aluminiumfolie
- getrocknete Bohnen oder Reis

Die ursprünglich aus Lothringen stammenden Quiches erfreuen sich heutzutage auf der ganzen Welt in verschiedenen Varianten großer Beliebtheit. Der Klassiker ist die Quiche Lorraine – wie alle anderen Quiches sollte sie warm oder bei Raumtemperatur, aber niemals sehr heiß serviert werden, da sonst der Guss zu weich ist.

Im Voraus

Der Mürbeteig kann 2 Tage im Voraus zubereitet und gut eingewickelt im Kühlschrank aufbewahrt werden. Die Quiche schmeckt frisch zubereitet am besten.

* plus etwa 45 Minuten zum Kühlen

Was Sie brauchen

250 g dick geschnittener, durchwachsener Speck
75 g Gruyère
Für den Mürbeteig
175 g Mehl, mehr für die Arbeitsfläche
1 Eigelb
½ TL Salz
3 EL Wasser, mehr nach Bedarf
90 g Butter, mehr für die Form
Für den Guss
½ l Schlagsahne
1 Prise geriebene Muskatnuss
Salz, Pfeffer
1 Eigelb
3 Eier

Zutaten

- durchwachsener Speck
- Gruyère
- Eigelbe
- Mehl
- gemahlene Muskatnuss
- Schlagsahne
- Eier
- Butter

▶ **PROFI-TIPP** Wenn Sie eine leichtere Füllung bevorzugen, können Sie die Hälfte der Schlagsahne durch Milch ersetzen.

Arbeitsfolge

1 Den Mürbeteig zubereiten

2 Die Form auslegen

3 Den Teigboden blindbacken

4 Die Füllung zubereiten und die Quiche backen

Quiche Lorraine

1 Den Mürbeteig zubereiten

1 Das Mehl auf die Arbeitsfläche sieben und eine Mulde in die Mitte drücken. Das Eigelb, das Salz und das Wasser in die Mulde geben.

2 Mit der Teigrolle die Butter bearbeiten, sodass sie weich wird. Dann die Butter in die Mulde geben. Mit den Fingerspitzen die Zutaten in der Mulde gründlich vermischen.

Mit den Fingerspitzen lassen sich die Zutaten am besten vermischen.

3 Nach und nach das Mehl vom Rand her mithilfe der Teigkarte und mit den Fingern einarbeiten, bis eine grobkrümelige Masse entsteht. Den Teig zu einem Kloß drücken.

▸ **PROFI-TIPP** *Wenn der Teig sehr trocken ist, benetzt man ihn mit etwas Wasser.*

Der Teig wird geknetet, bis er sehr geschmeidig ist.

4 Den Teig auf die leicht bemehlte Arbeitsfläche legen und mit dem Handballen von sich wegdrücken. Mit dem Teigschaber aufnehmen und 1–2 Minuten so weiterbearbeiten, bis er ganz geschmeidig ist und sich am Stück von der Arbeitsfläche löst.

5 Den Teig zu einer Kugel formen, fest in Aluminiumfolie wickeln und 30 Minuten im Kühlschrank ruhen lassen.

2 Die Form auslegen

Den Teig locker um die Teigrolle legen und dann über der Form abrollen.

1 Die Form mit Butter einfetten. Die Arbeitsfläche leicht mit Mehl bestäuben und den gekühlten Teig zu einer runden Platte mit 30 cm ⌀ ausrollen. Den Teig über der Form abrollen, sodass er am Rand überhängt.

▶ **ACHTUNG!** *Den Teig nicht dehnen, da er sich sonst beim Backen zusammenzieht.*

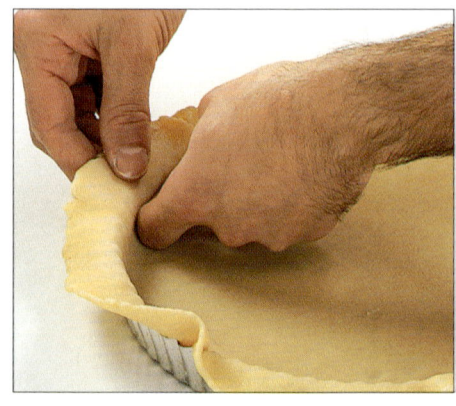

2 Die Teigränder leicht mit einer Hand anheben und den Teig mit der anderen Hand gut am Boden und am Rand der Form andrücken.

3 Mit der Teigrolle über die Form rollen und dabei den überstehenden Teig durch festen Druck auf den Rand abtrennen.

4 Mit Zeigefinger und Daumen den Teig an den Seiten gleichmäßig von unten hochdrücken, sodass er etwas über den Rand steht.

5 Den Teigboden mehrmals mit einer Gabel einstechen, damit eingearbeitete Luft beim Backen entweichen kann. Mindestens 15 Minuten kühl stellen.

3 Den Teigboden blindbacken

Getrocknete Bohnen eignen sich gut zum blindbacken.

Durch die Folie behält der Teigboden beim Backen seine Form.

1 Den Backofen auf 200 °C (Gas Stufe 3–4) vorheizen. Das Backblech in den Ofen schieben, damit es heiß wird. Den Teigboden mit Aluminiumfolie doppelt auslegen, dabei die Folie gut am Rand andrücken. Die Folie so zurechtschneiden, dass sie ringsum etwa 4 cm über den Formrand hinausragt.

Quiche Lorraine

2 Getrocknete Bohnen oder Reis zum Beschweren des Teiges gleichmäßig in der Form verteilen.

3 Die Form auf das Backblech im vorgeheizten Ofen stellen und den Boden etwa 10 Minuten backen, bis er beginnt, braun zu werden. Die Bohnen oder den Reis und die Folie entfernen.

4 Die Temperatur auf 190 °C (Gas Stufe 3) reduzieren. Den Boden 5–8 Minuten weiterbacken, bis er leicht gebräunt ist. Aus dem Ofen nehmen und mit der Hand prüfen, ob der Teig durchgebacken ist. Beiseite stellen, Ofen anlassen.

4 Die Füllung zubereiten und die Quiche backen

1 Die Speckscheiben auf dem Schneidbrett aufeinander legen und quer in 5 mm breite Stücke schneiden.

2 Die Speckstücke in die Pfanne geben; unter gelegentlichem Rühren 3–4 Minuten braten, bis sie leicht gebräunt sind.

Das Küchenpapier saugt überschüssiges Fett des Specks auf.

Der Speck sollte weich und nicht knusprig sein.

3 Den Speck mit dem Schaumlöffel aus der Pfanne nehmen und zum Abtropfen auf Küchenpapier legen.

Quiche Lorraine

4 Schlagsahne, Muskatnuss, Salz und Pfeffer in eine Schüssel geben. Eigelb und Eier zufügen und die Zutaten mit dem Schneebesen gründlich vermischen.

Die Eier-Sahne-Sauce wird kräftig mit Salz und Pfeffer gewürzt.

5 Den Gruyère auf der groben Seite der Reibe auf einen Teller raspeln; beiseite stellen.

6 Die Speckstücke und den geraspelten Käse gleichmäßig auf dem Teigboden verteilen.

7 Die Form auf das heiße Backblech stellen. Die Eier-Sahne-Sauce kurz mit dem Schneebesen durchrühren, dann mit dem Schöpflöffel über dem Speck und dem Käse verteilen. Die Quiche 30–35 Minuten im vorgeheizten Ofen backen, bis sie leicht braun und der Guss fest ist.

▸ **PROFI-TIPP** *Sollte die Oberfläche der Quiche nicht gebräunt sein, können Sie die Quiche 1–2 Minuten unter den Grill stellen. Wenn der Guss beim Backen zu braun wird, die Quiche locker mit Folie bedecken.*

Das heiße Backblech trägt dazu bei, dass die Quiche knusprig wird.

Speck und Käse werden mit der Eier-Sahne-Sauce gleichmäßig bedeckt.

Quiche mit Lauch und Käse

Lauch kann bei frostfreiem Boden auch in den Wintermonaten laufend frisch geerntet werden. Hier wird er zunächst weich gegart und bildet dann zusammen mit würzigem Gruyère den Belag dieser herzhaften Quiche.

8 Die Form mit der Quiche auf dem Kuchengitter leicht abkühlen lassen, dann auf eine Schüssel stellen; den Formrand lösen und entfernen. Die Quiche auf ein Schneidbrett oder eine Servierplatte setzen.

▶ **SERVIER-TIPP** Schneiden Sie die Quiche in Stücke und reichen Sie sie warm oder auf Raumtemperatur abgekühlt. Dazu passt ein knackiger Salat.

1 Den Speck weglassen. Den Mürbeteig zubereiten, die Form auslegen und den Teigboden blindbacken wie beschrieben. Den Ofen anlassen.

2 4 mittelgroße Stangen Lauch (Gesamtgewicht etwa 375 g) putzen. Den Wurzelansatz und die harten grünen Blattspitzen entfernen. Den Lauch mit dem Kochmesser längs halbieren und unter fließend kaltem Wasser gründlich waschen. Jede Hälfte mit der Schnittseite nach unten auf das Schneidbrett legen und quer in gut 1 cm breite Scheiben schneiden.

3 In einer Pfanne 30 g Butter erhitzen. Den Lauch zufügen, mit Salz und Pfeffer würzen. Eine Lage Aluminiumfolie einfetten, mit der gefetteten Seite auf den Lauch drücken und mit einem Deckel bedecken. Bei geringer Wärmezufuhr 20–25 Minuten garen, bis der Lauch sehr weich ist; dabei gelegentlich umrühren. Der Lauch darf nicht braun werden.

4 Das Backblech in den Ofen schieben und heiß werden lassen. Den Guss wie beschrieben zubereiten; 90 g Gruyère raspeln. Den Lauch mit dem Schaumlöffel aus der Pfanne nehmen und auf dem Teigboden verteilen. Die Form auf das heiße Backblech stellen. Den Guss kurz durchrühren und mit dem Schöpflöffel über dem Lauch verteilen. Den geraspelten Käse darüber streuen und die Quiche wie beschrieben backen.

Der würzige Guss ist goldbraun und weich.

Ein bunter Salat ist der klassische Begleiter einer Quiche Lorraine.

Elsässische Champignontorte

🍽 4 Portionen   ⏲ Arbeitszeit 30 Minuten   ☕ Backzeit 25–30 Minuten

Das Elsass ist berühmt für seine herzhaften Kuchen, zu denen der Zwiebelkuchen und der Flammkuchen gehören. Die Champignontorte ist eine ausgezeichnete Vorspeise, eignet sich aber auch sehr gut für ein Abendessen.

Was Sie brauchen

Für den Mürbeteig
- 250 g Weizenmehl, Type 405
- 125 g Butter
- 1 Prise Salz
- 2–3 EL Wasser
- 1 Eigelb

Für den Belag
- 300 g Champignons
- 2 Tomaten
- 100 g roher oder gekochter Schinken
- 1 Schalotte
- 50 g Butter
- 4 EL Silvaner
- Salz
- weißer Pfeffer aus der Mühle
- 3 Eier
- 250 g Crème fraîche
- 1/2 Bund Schnittlauch
- 1 TL Estragon

1 Für den Mürbeteig das Mehl in eine Schüssel geben und eine Vertiefung in die Mitte drücken.

2 Die Butter, das Salz, das Wasser und das Eigelb in die Vertiefung geben und alles mit den Knethaken des Handrührgeräts oder der Küchenmaschine gut verkneten.

3 Die Hände bemehlen und den Teig nochmals in etwa 5 Minuten zu einer gleichmäßigen Teigkugel kneten. Zugedeckt an einem kühlen Ort 2 Stunden ruhen lassen.

4 Inzwischen für den Belag die Hüte der Pilze mit feuchtem Küchenpapier säubern; die Stiele kürzen. In Scheiben schneiden.

5 Die Tomaten mit kochendem Wasser überbrühen, abziehen und würfeln, dabei entstielen. Den Schinken ebenfalls würfeln. Die Schalotte abziehen und fein hacken.

6 Die Butter erhitzen. Die Pilze darin anbraten. Den Schinken und die Tomaten zugeben. Etwa 6 Minuten braten lassen. Salzen und pfeffern. Mit dem Wein ablöschen und bei schwacher Hitze 5 Minuten ziehen lassen. Von der Kochstelle nehmen. Den Backofen auf 180 °C (Gas Stufe 2–3) vorheizen.

7 Die Eier trennen. Eigelbe und Crème fraîche unter die Pilzmischung geben. Den Schnittlauch und den Estragon waschen und trockentupfen; den Schnittlauch in kleine Stücke schneiden und den Estragon fein hacken. Unter die Pilzmischung geben. Salzen und pfeffern. Die Eiweiße steif schlagen und untermischen.

8 Eine Springform mit 24 cm ⌀ ausfetten. Den Mürbeteig ausrollen und die Form damit auslegen. Mit einer Gabel mehrmals einstechen. Die Pilzmischung in die Form geben und die Torte im vorgeheizten Ofen 25–30 Minuten backen. Aus der Form nehmen und sofort servieren.

▸ **PROFI-TIPP** *Sie können den Teig auch einen Tag im Voraus zubereiten und kalt aufbewahren. Vor der Verarbeitung sollte er etwa 15 Minuten bei Zimmertemperatur stehen.*

▸ **SERVIER-TIPP** *Dazu passt ein elsässischer Weißwein, z. B. Edelzwicker, Silvaner oder Pinot blanc.*

Galettes mit Meeresfrüchten

🍽 6 PORTIONEN   ⌚ ARBEITSZEIT 45–50 MINUTEN   ♨ BACKZEIT 15–20 MINUTEN

GERÄTE

- Kochmesser
- Palette
- kleiner Schöpflöffel
- Crêpes-Pfanne mit 20 cm ⌀
- Schneebesen
- Schaumlöffel
- Küchenpapier
- kleines Messer
- Backpinsel
- Auflaufform
- Holzlöffel
- Sieb
- Durchschlag
- Schüsseln
- Töpfe, einer davon mit Deckel und einer mit schwerem Boden
- Schneidbrett

Buchweizenmehl bildet die Grundlage der Galettes, der traditionellen bretonischen Pfannkuchen. Hier werden sie mit frischen Meeresfrüchten gefüllt und anschließend im Ofen goldgelb überbacken.

ZUTATEN

- Seezungenfilets
- Jakobsmuscheln
- Milch
- Garnelen
- Champignons
- gemahlene Muskatnuss
- Schlagsahne
- frischer Estragon
- Butter
- Fischfond
- Mehl
- Eier
- Zitronensaft
- Buchweizenmehl

WAS SIE BRAUCHEN

375 g enthäutete Seezungenfilets
175 g Jakobsmuscheln
175 g gekochte, geschälte Garnelen
125 g Champignons
5–7 Stängel frischer Estragon
¾ l Fischfond (siehe Kasten S. 155)
Saft einer halben Zitrone
⅛ l Wasser
90 g Butter
75 g Mehl
1 Prise gemahlene Muskatnuss
150 g Schlagsahne
Salz, Pfeffer
Für den Galettes-Teig
60 g Butter, mehr nach Bedarf
100 g Buchweizenmehl
30 g Mehl
½ TL Salz
3 Eier
300 ml Milch

ARBEITSFOLGE

1. DEN GALETTES-TEIG HERSTELLEN
2. DIE FÜLLUNG VORBEREITEN
3. DIE FÜLLUNG ZUBEREITEN; DIE SAUCE HERSTELLEN
4. DIE GALETTES AUSBACKEN; DAS GERICHT FERTIG STELLEN

GALETTES MIT MEERESFRÜCHTEN

1 Den Galettes-Teig herstellen

1 Die Butter in einem kleinen Topf zerlassen; beiseite stellen und abkühlen lassen. Beide Mehlsorten zusammen mit dem Salz in eine Schüssel sieben.

2 Eine Mulde in die Mitte der Mehlmischung drücken. Die Eier aufschlagen, in die Mulde geben und gut verrühren.

3 Die Hälfte der Milch in einem dünnen Strahl zu den Eiern gießen; dabei ständig rühren und das Mehl nach und nach vom Rand her unter die übrigen Zutaten arbeiten, bis eine glatte Paste entstanden ist. Die Hälfte der zerlassenen Butter und die Hälfte der restlichen Milch einrühren. Zugedeckt 30 Minuten ruhen lassen. In der Zwischenzeit die Füllung vorbereiten.

Die Milch langsam zugießen, damit man einen glatten Teig erhält.

2 Die Füllung vorbereiten

1 Die Seezungenfilets mit dem Kochmesser quer in 2 cm breite Streifen schneiden. Mit Salz und Pfeffer würzen.

2 Wenn nötig, den zähen, halbmondförmigen Muskel vom Fleisch der Jakobsmuscheln abziehen. Mit kaltem Wasser abspülen, abtropfen lassen; die Muscheln vierteln.

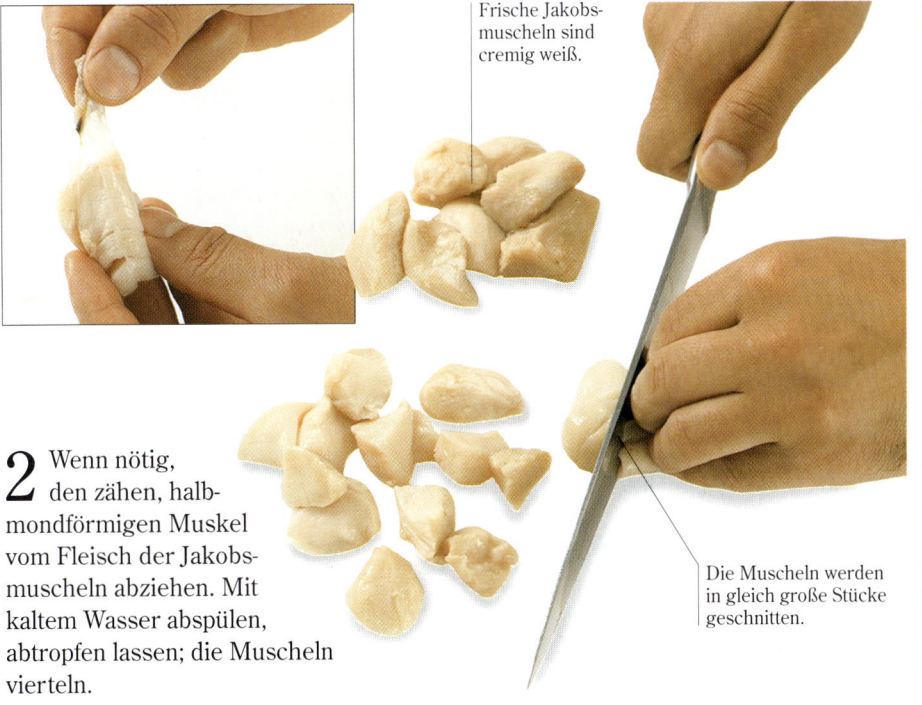

Frische Jakobsmuscheln sind cremig weiß.

Die Muscheln werden in gleich große Stücke geschnitten.

GALETTES MIT MEERESFRÜCHTEN

3 Für die Garnierung 6 Garnelen zurückbehalten. Die restlichen Garnelen erst längs, dann quer halbieren. Die Garnelenviertel in eine Schüssel geben.

4 Die Champignons mit feuchtem Küchenpapier reinigen; die Stiele bis zum Hut kürzen. Die Pilze mit der Stielseite nach unten legen und vierteln.

5 Die Estragonblätter von den Stängeln zupfen. Die Blätter auf das Schneidbrett häufen und mit dem Kochmesser grob hacken.

3 DIE FÜLLUNG ZUBEREITEN; DIE SAUCE HERSTELLEN

Die Seezunge zerfällt nach dem Kochen in kleinere Stücke.

Der gekochte Fisch ist undurchsichtig.

1 Den Fischfond in einem mittelgroßen Topf zum Kochen bringen. Die Seezungenstreifen zugeben und 1–2 Minuten köcheln, bis sie sich mit einer Gabel leicht zerpflücken lassen.

2 Die Seezungenstreifen mit dem Schaumlöffel herausnehmen und zu den Garnelenvierteln in die Schüssel geben.

3 Die Muscheln zum Fischfond geben; 1–2 Minuten köcheln, bis sie gerade weich sind. Zur Seezunge und den Garnelen geben. Den Fond zurückbehalten.

4 Pilze, Zitronensaft, Wasser, Salz und Pfeffer in einen mittelgroßen Topf geben. Zugedeckt bei großer Hitze 3–5 Minuten kochen, bis die Flüssigkeit an den Topfrand hochkocht und die Pilze zart sind.

GALETTES MIT MEERESFRÜCHTEN

5 Mit dem Schaumlöffel die Pilze aus dem Topf nehmen und zu den Meeresfrüchten in die Schüssel geben. Die Pilzflüssigkeit zum Fischfond gießen.

Die Pilzflüssigkeit ist äußerst aromatisch.

6 Für die Sauce die Butter bei mittlerer Hitze in dem Topf mit schwerem Boden zerlassen. Das Mehl mit dem Schneebesen einrühren; 30–60 Sekunden kochen, bis die Masse schaumig wird.

7 Den Topf von der Kochstelle nehmen; leicht abkühlen lassen, dann den Fischfond durch ein Sieb zugießen. Die Zutaten gründlich vermischen.

Die Sauce bindet die Meeresfrüchte und die Champignons.

8 Den Topf wieder auf die Kochstelle setzen; die Sauce unter Rühren erhitzen, bis sie kocht und dick wird. Mit Muskatnuss, Salz und Pfeffer abschmecken. 5 Minuten weiterköcheln, bis der Finger auf dem Rücken des Holzlöffels eine saubere Spur in der Masse hinterlässt.

9 Die Hälfte der Sauce zur Meeresfrüchtemischung geben. 1 EL des Estragons zur Garnierung zurückbehalten, den restlichen Estragon zu der Mischung geben und vermischen. Abschmecken. Die restliche Sauce beiseite stellen; die Galettes backen.

4 Die Galettes backen; das Gericht fertig stellen

1 Mit dem Holzlöffel so viel von der restlichen Milch in den Teig rühren, bis die Teigmasse dünnflüssig wird. Die Auflaufform mit zerlassener Butter auspinseln.

2 Die restliche zerlassene Butter in die Crêpes-Pfanne geben und langsam erhitzen. Überschüssiges Fett in eine Schüssel gießen, einen Tropfen Teig in die Pfanne geben und abwarten, bis er spritzt.

3 Einen kleinen Schöpflöffel Teig in die Pfanne geben. Die Pfanne sofort schwenken, damit der Teig gleichmäßig zu einer dünnen Schicht verläuft und den ganzen Pfannenboden bedeckt.

Die Galette mithilfe der Palette anheben.

4 Die Galette bei mittlerer Hitze 1–2 Minuten ausbacken, bis die Oberseite gestockt und die Unterseite gebräunt ist. Den Rand der Galette vorsichtig mit der Palette lösen; die Galette rasch wenden und 30–60 Sekunden auf der anderen Seite bei mittlerer Hitze backen; auf einen Teller legen.

5 Mit dem Ausbacken fortfahren, bis 12 Galettes fertig sind. Dabei nur dann erneut etwas zerlassene Butter in die Pfanne geben, wenn die Galettes festzukleben beginnen. Die Galettes auf einem Teller aufeinander stapeln.

Durch das Aufeinanderstapeln bleiben die Galettes feucht und warm.

Beim Aufrollen an einer offenen Seite beginnen.

6 Den Backofen auf 180 °C (Gas Stufe 2–3) vorheizen. 2 EL der Füllung in die Mitte jeder Galette geben, 2 Seiten einschlagen und die Galettes zu einem Zylinder rollen. Mit der Nahtseite nach unten in die Form legen.

7 Die Sahne zur restlichen Sauce gießen. Aufkochen, dabei ständig rühren. Abschmecken.

8 Die heiße Sauce über die Galettes in der Form gießen, sodass sie vollständig bedeckt sind. Im vorgeheizten Ofen 15–20 Minuten backen, bis die Füllung heiß ist und die Sauce Blasen wirft.

Die Sauce bedeckt die Galettes und sorgt dafür, dass sie beim Backen nicht austrocknen.

▶ **SERVIER-TIPP** *Die 6 zurückbehaltenen Garnelen in die Mitte der überbackenen Galettes legen und das Gericht mit dem restlichen Estragon bestreuen. Jedem Gast 2 Galettes direkt aus der Form heiß servieren.*

Schinken-Käse-Galettes

Bei dieser Variante der Galettes mit Buchweizen ersetzen Käse und Schinken die Füllung aus verschiedenen Meeresfrüchten.

1 Meeresfrüchtefüllung und Sauce weglassen. 6 Auflaufförmchen buttern. Die Galettes wie beschrieben herstellen. Die Meeresfrüchtemischung durch 250 g dünn geschnittenen, gekochten Schinken ersetzen. 250 g Gruyère grob reiben. 30 g vom geriebenen Käse zurückbehalten.

2 Auf eine Galette eine Scheibe Schinken legen und mit 1–2 EL des geriebenen Gruyère bestreuen. Die Galette hälftig falten; dann nochmals falten, sodass ein Dreieck entsteht. Mit den restlichen Galettes ebenso verfahren.

3 In jedes Auflaufförmchen 2 gefaltete Galettes legen; in den vorgeheizten Ofen geben und 10–15 Minuten backen, bis die Galettes heiß sind. Den restlichen Gruyère darüber streuen und die Galettes weitere 3–5 Minuten backen, bis der Käse geschmolzen ist.

— **IM VORAUS** —

Die Galettes können 2 Tage im Voraus zubereitet, mit Pergamentpapier getrennt, gestapelt und gut eingewickelt im Kühlschrank aufbewahrt werden. Das Gericht kann bis zu 12 Stunden im Voraus in die Form geschichtet und im Kühlschrank aufbewahrt oder eingefroren werden. Erst kurz vor dem Servieren überbacken.

Die Garnelen geben einen Hinweis auf die Füllung aus Meeresfrüchten.

Die Sauce wird beim Überbacken goldgelb.

Omelett nach Baskenart

 2 Portionen  Arbeitszeit 20–25 Minuten  Kochzeit 15–25 Minuten

Geräte

- Omelettpfanne mit 23 cm ⌀
- Schüsseln
- mittelgroße Bratpfanne
- mittelgroßer Topf
- Holzlöffel
- Schaumlöffel
- Gummihandschuhe
- Kochmesser
- kleines Messer
- Schneidbrett

Zutaten

 Eier
 Petersilie
 rote Paprika
 kleine scharfe rote Pfefferschoten
 Tomaten
 Butter

 Knoblauchzehen
 Zwiebel

Aus der Küche des französischen Baskenlands in den Westpyrenäen sind Paprikasorten aller Art nicht wegzudenken. Die Füllung dieses flachen Omeletts besteht aus einer Mischung aus rotem Paprika und roten Chilis. Das Omelett selbst wird wie eine spanische Tortilla auf beiden Seiten gebräunt.

Im Voraus

Die Füllung kann einen Tag im Voraus vorbereitet und zugedeckt im Kühlschrank aufbewahrt werden. Das Omelett erst unmittelbar vor dem Servieren zubereiten.

Was Sie brauchen

1 mittelgroße Zwiebel
2 Knoblauchzehen
1 rote Paprikaschote
1–2 kleine scharfe rote Pfefferschoten
250 g Tomaten
1 kleines Bund Petersilie
60 g Butter
5 Eier
Salz, Pfeffer

Arbeitsfolge

1 Die Füllung vorbereiten

2 Das Omelett zubereiten

Omelett nach Baskenart

1 Die Füllung vorbereiten

1 Die Zwiebel abziehen, dabei den Wurzelansatz belassen; dann längs halbieren und die Hälften flach auf das Schneidbrett legen. Quer in dünne Scheiben schneiden.

2 Das Kochmesser flach auf jede Knoblauchzehe legen und mit der Faust auf die Klinge schlagen.

3 Die Haut abziehen. Den Knoblauch mit dem Kochmesser fein hacken.

4 Mit dem kleinen Messer die Paprikaschote um den Stielansatz einschneiden, diesen vorsichtig herausdrehen und wegwerfen.

Kerne und weiße Rippen lassen sich einfach entfernen.

5 Die Schote längs halbieren, die Kerne entfernen und die weißen Rippen herausschneiden. Die Schotenhälften mit der Schnittfläche nach unten auf das Schneidbrett legen und mit dem Handballen flach drücken, damit sie sich besser schneiden lassen; dann längs in dünne Streifen schneiden.

6 Die Pfefferschoten mit dem kleinen Messer längs halbieren. Den Stielansatz, die weißen Rippen und die Samen aus jeder Hälfte herausschaben.

▶ **ACHTUNG!** *Da die Schoten Haut und Augen reizen, sollte man beim Verarbeiten möglichst Gummihandschuhe tragen und Augenkontakt vermeiden.*

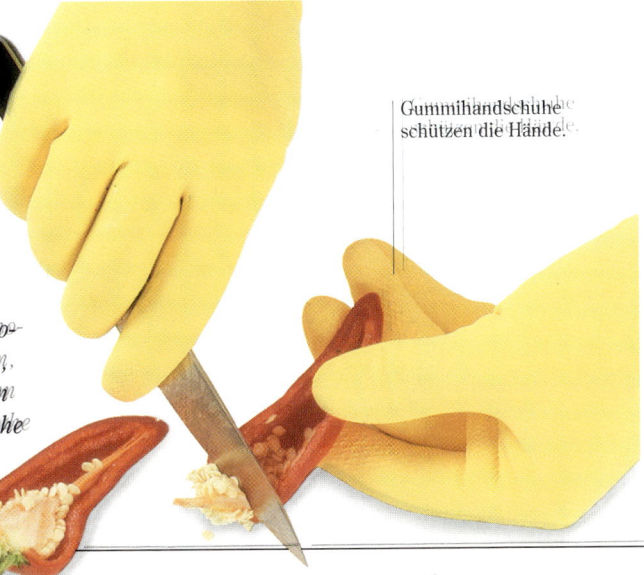

Gummihandschuhe schützen die Hände.

7 Die Schotenhälften längs in feine Streifen schneiden, die Streifen bündeln und mit Querschnitten sehr fein würfeln.

8 Den Fruchtansatz der Tomaten herausschneiden. Die Tomaten an der Unterseite kreuzweise einritzen. 8–15 Sekunden in kochendes Wasser tauchen, bis die Haut zu platzen beginnt. Zum Abkühlen in eine Schüssel mit kaltem Wasser geben. Nach dem Abkühlen die Haut von den Tomaten abziehen. Die Früchte quer durchschneiden, die Kerne herausdrücken und die Hälften grob hacken.

Die aufgeplatzte Tomatenhaut lässt sich leicht abziehen.

9 Die Petersilienblätter von den Stängeln zupfen, auf das Schneidbrett häufen und mit dem Kochmesser fein hacken.

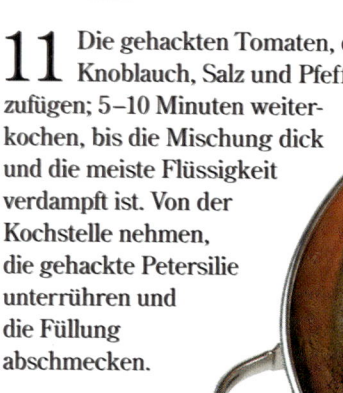

11 Die gehackten Tomaten, den Knoblauch, Salz und Pfeffer zufügen; 5–10 Minuten weiterkochen, bis die Mischung dick und die meiste Flüssigkeit verdampft ist. Von der Kochstelle nehmen, die gehackte Petersilie unterrühren und die Füllung abschmecken.

10 In der Pfanne die Hälfte der Butter zerlassen. Zwiebeln, Paprika und Pfefferschoten zugeben und 5–8 Minuten braten, bis das Gemüse gerade weich wird; dabei gelegentlich umrühren.

Die Petersilie wird zugegeben, wenn die Füllung gar ist.

2 Das Omelett zubereiten

2 Die am Rand gestockte Masse rasch in die Mitte ziehen. Dann die Pfanne schräg halten, damit das noch flüssige Ei zum Rand fließt. Auf diese Weise etwa 30 Sekunden fortfahren, bis die gesamte Eimasse leicht gestockt ist.

1 Die Eier in eine Schüssel aufschlagen, Salz und Pfeffer zugeben, mit einer Gabel gründlich vermischen. Die restliche Butter in der Omelett-Pfanne bei großer Hitze zerlassen, bis sie gerade braun wird. Die Eimasse zufügen; mit der flachen Seite einer Gabel 8–10 Sekunden heftig umrühren, bis die Masse zu stocken beginnt.

Das Omelett am Rand mit der Gabel anheben, damit die flüssige Eimasse nach unten läuft.

Eine wichtige Voraussetzung für ein gelungenes Omelett ist die richtige Wahl der Pfanne.

3 Die Füllung unter die Eimasse rühren; 3–5 Sekunden weiterrühren, bis alle Zutaten gut vermischt sind. Die Hitze reduzieren und das Omelett 2–3 Minuten garen, bis es auf der Unterseite gebräunt und an der Oberfläche gestockt ist. Dabei nicht mehr umrühren.

▶ **ACHTUNG!** *Die Unterseite des Omeletts bräunt nur dann gleichmäßig, wenn die Masse nicht mehr gerührt wird.*

4 Die Pfanne von der Kochstelle nehmen, einen großen Teller auflegen und das Omelett umdrehen. Das Omelett vom Teller wieder zurück in die Pfanne gleiten lassen und die andere Seite 30–60 Sekunden bräunen.

Das Omelett wird umgedreht, damit es auf beiden Seiten bräunt.

▶ **SERVIER-TIPP** *Das Omelett auf einen vorgewärmten Teller gleiten lassen. In Stücke schneiden und heiß oder bei Raumtemperatur servieren.*

Ein bunt gemischter Salat passt hervorragend zum Omelett.

Das Omelett ist mit Zwiebeln und Paprika gefüllt.

Bauernomelett

Dieses nahrhafte, mit Speck, Kartoffeln und Zwiebeln gefüllte rustikale Omelett ist in Frankreich sehr populär.

1 Knoblauch, rote Paprikaschote, Pfefferschoten und Tomaten weglassen. Die Zwiebel in Scheiben schneiden; von der Petersilie 1–2 Stängel für die Garnierung zurückbehalten, die restliche Petersilie hacken.

2 250 g durchwachsenen, in Scheiben geschnittenen Speck auf dem Schneidbrett aufeinander legen und quer in Streifen schneiden. 500 g Kartoffeln schälen und an den Seiten begradigen. Die Kartoffeln in 1 cm dicke Scheiben schneiden, aufeinander legen und in 1 cm breite Streifen schneiden. Die Kartoffelstreifen stapeln, dann quer würfeln.

3 In einer großen Bratpfanne den Speck bei mittlerer Temperaturzufuhr unter Rühren 3–5 Minuten erhitzen, bis das Fett ausgelaufen ist. 2 EL vom ausgelaufenen Fett zurückbehalten, der Rest wird nicht mehr benötigt. Die Zwiebeln und Kartoffeln zum Speck und dem zurückbehaltenen Fett in die Pfanne geben und weitere 15–20 Minuten braten, bis das Gemüse goldgelb ist; dabei gelegentlich umrühren. Mit Salz und Pfeffer würzen. Das Omelett wie beschrieben zubereiten, dabei statt der Paprika- die Kartoffelmischung unterrühren.

4 Zum Servieren das Omelett in Stücke schneiden und mit den zurückbehaltenen Petersiliestängeln garnieren.

Seezungenfilets mit Hummer

4 Portionen — **Arbeitszeit 1 Stunde** — **Kochzeit etwa 3 Stunden**

Für ein edles Essen eignet sich diese Vorspeise, die in Frankreich Filets de Sole à la Cardinale heißt. Seezunge findet man an allen Küsten Frankreichs.

Was Sie brauchen

1 Hummer
2 Seezungen
Für den Fond
1 Zwiebel
1 Stange Lauch
1 Möhre
60 g Butter
200 ml Wasser
200 ml Weißwein
1 kleines Bouquet garni
Salz
weißer Pfeffer aus der Mühle
Für die Sauce
1 Zitrone
100 ml trockener Weißwein
2 Eigelb
100 g Crème fraîche
1 schwarze Trüffel oder einige Tropfen Trüffelöl

1 Wasser in einen großen Topf füllen und zum Kochen bringen. Den Hummer hineingeben und einmal aufkochen lassen. Von der Kochstelle nehmen und 10–15 Minuten ziehen lassen.

2 Das Hummerfleisch auslösen und in 8 Stücke schneiden. Die Hummerkarkasse beiseite legen.

3 Die Seezungen waschen und trockentupfen, die Filets auslösen. Den restlichen Fisch beiseite legen.

4 Für den Fond die Zwiebel abziehen und fein hacken. Den Lauch vom Grün befreien, putzen, waschen und in dünne Scheiben schneiden. Die Möhre schälen, putzen, waschen und fein hacken.

5 In einem großen Topf die Butter zerlassen. Die Hummerkarkasse, die Fischreste, Zwiebel, Lauch und Möhre darin anbraten, aber nicht braun werden lassen.

6 Das Wasser, den Wein, das Bouquet garni, Salz und Pfeffer zufügen. Zudecken und bei schwacher Hitze etwa 3 Stunden köcheln lassen. Dann durch ein Sieb streichen.

7 In der Zwischenzeit die Zitrone auspressen. Die Seezungenfilets mit Zitronensaft beträufeln und mit wenig Salz und Pfeffer würzen. Um die Hummerstücke wickeln.

8 Den Fond in einen Topf geben. Die umwickelten Hummerstücke hineinlegen. Zugedeckt 6 Minuten ziehen lassen. Die Röllchen herausnehmen und warm stellen.

9 Für die Sauce den Fond mit dem Weißwein einkochen. Die Eigelbe mit der Crème fraîche verquirlen. Zur Sauce geben und unterrühren. Aufkochen lassen und über die Seezungenröllchen gießen. Die Trüffel mit Küchenpapier abwischen, würfeln und über die Röllchen streuen oder das Trüffelöl darüber träufeln.

▸ **PROFI-TIPP** *Sie können sich beim Fischhändler einen bereits gekochten Hummer bestellen. Trüffel sind sehr teuer, deshalb eignen sie sich für ein ganz besonderes Essen. Wahlweise lässt sich auch Trüffelöl verwenden, das Sie aber sparsam einsetzen sollten.*

▸ **SERVIER-TIPP** *Dazu passen Croûtons und ein französischer Rosé, z. B. ein Coteaux d'Ancenis aus der Region Loire Atlantique.*

Jakobsmuscheln à la Provençale

🍽 4–6 Portionen   ⏲ Arbeitszeit 15–20 Minuten   🍲 Kochzeit 15–20 Minuten

Geräte

- Holzlöffel
- Kochmesser
- kleines Messer
- große Bratpfanne
- Schaumlöffel
- Schüsseln
- mittelgroßer Topf
- mittelgroße Sauteuse
- Schneidbrett
- Küchenpapier

Es existieren verschiedene Meinungen darüber, wie ein echt provenzalisches Jakobsmuschelgericht zubereitet werden sollte. Hier werden die Muscheln von einer fruchtig-würzigen Mischung aus Olivenöl, Knoblauch, Tomaten und Kräutern begleitet.

Im Voraus

Die Tomaten können einen Tag im Voraus vorbereitet und zugedeckt im Kühlschrank aufbewahrt werden. Unmittelbar vor dem Servieren die Muscheln sautieren und das Gericht fertig stellen.

Was Sie brauchen

750 g Tomaten	
3 Knoblauchzehen	
5–7 Stängel frisches Basilikum	
7–10 Stängel frischer Thymian	
2 EL Olivenöl	
175 ml trockener Weißwein	
Salz, Pfeffer	
750 g große Jakobsmuscheln	
30 g Butter	
Pilaw-Reis (siehe Kasten S. 50) zum Servieren, nach Belieben	

Zutaten

- Jakobsmuscheln
- frisches Basilikum
- Knoblauchzehen
- Tomaten
- frischer Thymian
- trockener Weißwein
- Olivenöl
- Butter

Arbeitsfolge

1 Die Tomatenmischung vorbereiten

2 Die Muscheln sautieren; das Gericht fertig stellen

Jakobsmuscheln à la Provençale

1 Die Tomatenmischung vorbereiten

Die Kerne entfernen, bevor man die Tomaten hackt.

2 Das Kochmesser mit der flachen Klinge auf die Knoblauchzehen drücken. Die Haut abziehen, die Zehen fein hacken.

3 Die Basilikumblätter von den Stängeln zupfen und fein hacken. Die Thymianblätter von den Stängeln zupfen.

1 Fruchtansatz der Tomaten entfernen, die Früchte unten kreuzweise einritzen. 8–15 Sekunden in kochendes Wasser tauchen, bis die Haut platzt. Zum Abkühlen in kaltes Wasser geben. Nach dem Abkühlen die Haut abziehen; die Früchte quer durchschneiden, die Kerne herausdrücken und die Hälften grob hacken.

Die Zutaten verkochen zu einer dicken Sauce.

Basilikum und Thymian geben der Sauce eine aromatische Note.

4 In der Sauteuse 1 EL des Öls erhitzen. Den Knoblauch zufügen und bei mittlerer Hitze unter Rühren 2–3 Minuten braten, bis der Knoblauch weich ist.

5 Tomaten, Basilikum, Thymian, Weißwein, Salz und Pfeffer zum Knoblauch in die Sauteuse geben. Bei mittlerer Hitze 10–15 Minuten köcheln, bis die Mischung so dick ist, dass sie gerade noch leicht vom Löffel fließt. Abschmecken.

2 Die Muscheln sautieren; das Gericht fertig stellen

1 Wenn nötig, den zähen, halbmondförmigen Muskel vom Fleisch der Jakobsmuscheln abziehen.

2 Die Muscheln mit kaltem Wasser abspülen. Abtropfen lassen, dann mit Küchenpapier trockentupfen. Mit Salz und Pfeffer würzen.

Pilaw-Reis

▸ **PROFI-TIPP** *Bei der Zubereitung von Pilaw wird der Reis zunächst kurz in Pflanzenöl angebraten, damit die Reiskörner beim Kochen nicht zusammenkleben. Danach kocht man ihn in einer bestimmten Menge Wasser, bis die Flüssigkeit vollständig aufgenommen und der Reis hell, weich und locker ist.*

🍽 4–6 Portionen

⏲ Arbeitszeit 9–10 Minuten

🍲 Kochzeit 20 Minuten*

* plus 10 Minuten zum Stehenlassen

Was Sie brauchen
1 mittelgroße Zwiebel
2 EL Pflanzenöl
300 g Langkornreis
¾ l Wasser
Salz, Pfeffer

Den Reis kurz in Öl anbraten, damit er beim Kochen nicht verklebt.

1 Die Zwiebel abziehen und hacken. Das Öl in einer Pfanne mit schwerem Boden erhitzen. Die Zwiebel zufügen und 3–5 Minuten anbraten, bis sie weich ist.

2 Den Reis zugeben und unter Rühren 2–3 Minuten rösten, bis die Körner glasig sind und das Öl aufgesogen haben.

3 Das Wasser zum Reis gießen. Mit Salz und Pfeffer abschmecken und die Mischung zum Kochen bringen.

4 Zudecken; die Hitze reduzieren. Etwa 20 Minuten köcheln lassen, bis das Wasser absorbiert und der Reis weich ist. Zugedeckt 10 Minuten stehen lassen, dann mit einer Gabel auflockern.

3 Die Butter und das restliche Öl in der großen Bratpfanne erhitzen. Die Muscheln hineingeben und je nach Größe 1–2 Minuten braten, bis sie auf einer Seite gerade kross und gebräunt sind.

4 Die Muscheln wenden, die Tomatenmischung einrühren und weitere 1–2 Minuten garen.

▶ **PROFI-TIPP** *Die Muscheln bei großer Hitze anbraten; dadurch wird die Außenseite kross, während das Muschelinnere zart bleibt. Nicht zu lange garen, sonst werden die Muscheln zäh.*

▶ **SERVIER-TIPP** *Die Jakobsmuscheln sofort auf einer vorgewärmten Platte servieren. Nach Belieben Pilaw-Reis dazureichen.*

Zitronenstücke sind eine attraktive Garnierung.

Die fruchtige Tomatensauce passt ausgezeichnet zu den Muscheln.

Pfeffermuscheln

Dieses würzige Gericht stammt aus der Hafenstadt Nantes in der südlichen Bretagne.

1 Knoblauch, Basilikum und Thymian weglassen. 4 hitzefeste Förmchen mit zerlassener Butter auspinseln. 250 g Tomaten wie beschrieben fein hacken. Von einer kleinen Zwiebel die Haut abziehen, dann die Zwiebel längs halbieren. Die Hälften flach auf das Schneidbrett legen; erst mehrmals waagrecht, dann senkrecht bis zur Wurzel ein-, aber nicht durchschneiden. Zum Schluss die Zwiebelhälften mit Querschnitten fein würfeln. Von 2 Scheiben Weißbrot die Kruste entfernen. Die Brotscheiben in der Küchenmaschine zu Krümeln verarbeiten.

2 In einer großen Pfanne 1 EL Olivenöl und 15 g Butter zusammen mit $1/4$ TL Currypulver und einer Prise Cayennepfeffer erhitzen. 500 g Jakobsmuscheln je nach Größe 1–2 Minuten braten, bis sie gerade kross und gebräunt sind. Wenden, weitere 1–2 Minuten braten. Die Muscheln in die vorbereiteten Förmchen geben; mit Folie bedecken.

3 Den Grill vorheizen. 15 g Butter in der Pfanne zerlassen; die Zwiebeln zugeben. Unter Rühren 3–5 Minuten braten, bis sie weich sind. 2 EL Weinbrand und den Weißwein zugießen; aufkochen. Tomaten, Salz und Pfeffer zugeben und weitere 6–8 Minuten kochen, bis eine breiige Masse entsteht. Abschmecken, die Masse über die Muscheln geben. 15 g zerlassene Butter mit den Brotkrümeln mischen; über die Tomatenmasse streuen. 2–3 Minuten grillen, bis die Brotkrumen gebräunt sind. Ergibt 4 Portionen.

Entrecôte à la Bordelaise

6 Portionen · **Arbeitszeit 25 Minuten** · **Brat- und Kochzeit etwa 20 Minuten**

Die Region von Bordeaux wird nicht nur wegen des Weins geschätzt, sondern auch wegen der Küche, wie dieses einfach zuzubereitende, köstliche Entrecôte beweist.

Was Sie brauchen

1 Mittelrippenstück vom Schwein (Entrecôte), etwa 1,6 kg
100 g Butter
Salz
schwarzer Pfeffer
6 mittelgroße Schalotten
5–6 EL Weißwein

1 Das Mittelrippenstück waschen und trockentupfen. In einer Pfanne, am besten einer länglichen, 60 g Butter erhitzen.

2 Sobald die Butter Farbe anzunehmen beginnt, das Fleischstück hineingeben und darin braten. Ein dickes Stück Fleisch nur bei mittelgroßer Hitze braten.

3 5 Minuten braten, dann das Fleischstück wenden. Sobald Fleischsaft austritt, noch einmal wenden.

4 Das Fleischstück nach Geschmack noch 1–2 Minuten braten, bis es innen rosa ist, oder, wenn es eben durchgebraten sein soll, weiter braten, bis es sich auf Druck fest anfühlt.

5 Das Fleischstück auf eine vorgewärmte Platte legen, salzen und pfeffern. Dann warm stellen.

6 Die Schalotten abziehen und fein hacken. Die Hälfte der restlichen Butter in die Pfanne geben. Die Schalotten hineingeben und darin braten, bis sie glasig sind.

7 Den Weißwein zugießen und alles bei starker Hitze einkochen lassen, dabei mit einem Holzlöffel den Bratensatz ablösen und unterrühren. Von der Kochstelle nehmen.

8 Die restliche Butter in die Pfanne geben und mit einer Gabel unterschlagen.

9 Die Sauce abschmecken. Das Fleischstück in Scheiben schneiden und mit der Sauce übergießen. Servieren.

▶ **PROFI-TIPP** *Sagen Sie Ihrem Fleischer ausdrücklich, dass Sie ein Entrecôte zubereiten wollen, dann wird er das Fleischstück auf französische Art schneiden. Achten Sie darauf, dass er das Fleisch einschneidet, weil es sich sonst beim Braten zusammenzieht. Gehen Sie am besten zu einem Fleischer Ihres Vertrauens. Die Sauce wird noch besser, wenn Sie Knochenmark zufügen.*

▶ **SERVIER-TIPP** *Dazu passen Pommes frites, Salat und ein roter trockener Bordeaux, z. B. ein Bordeaux Supérieur oder ein Bourg.*

Gegrilltes Entrecôte

Köstlich schmeckt das Entrecôte, wenn es auf dem Holzkohlengrill gebraten wird. Das Gericht ergibt 4 Portionen.

1 2 Mittelrippenstücke vom Schwein (Entrecôte), je 400 g, waschen und trockentupfen. Möglichst viel Fett abschneiden und die Ränder einschneiden. Mit 2–3 EL Öl, Salz und Pfeffer einreiben. Zudecken und 30 Minuten ruhen lassen.

2 In der Zwischenzeit 750 g junge Kartoffeln abbürsten und in reichlich Wasser etwa 20 Minuten kochen lassen, bis sie weich sind. Abgießen. 2 Schalotten abziehen und fein hacken. Eine Hand voll Gartenkresse und ein halbes Bund Petersilie waschen und trockentupfen; die Petersilie fein hacken.

3 Die Fleischstücke auf einem Holzkohlengrill, im elektrischen Grill oder unter dem Grill des Backofens von beiden Seiten braun grillen. 250 g Fleischfond mit den Schalotten einkochen lassen.

4 Eine Platte erwärmen und die Fleischstücke darauf geben. Die Sauce darüber streichen. Die Kartoffeln am Rand verteilen. Mit der Kresse und der Petersilie garnieren.

Gebackener Wolfsbarsch

🍽 4 PORTIONEN ⏲ ARBEITSZEIT 40–45 MINUTEN ♨ GARZEIT 30–40 MINUTEN

GERÄTE

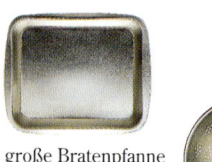
große Bratenpfanne

Durchschlag

Küchenmaschine*

Zitronenpresse

Küchenpapier

mittelgroßer Topf

Schere

Teigschaber

Palette

Kochmesser

kleines Messer

Schneidbrett

*oder Mixer

Ein ganzer, mit Zitrone und Thymian gegarter Wolfsbarsch wird mit Kräuterbutter serviert.

IM VORAUS

Die Kräuterbutter kann bis zu einem Tag im Voraus vorbereitet werden; das Aroma wird dann intensiver. Zugedeckt im Kühlschrank aufbewahren und vor dem Servieren auf Raumtemperatur erwärmen lassen. Der Fisch schmeckt am besten, wenn er unmittelbar vor dem Servieren gebacken wird.

WAS SIE BRAUCHEN

1 großer Wolfsbarsch (etwa 2 kg), ausgenommen und geschuppt
3–5 Stängel frischer Thymian
30 g Butter
⅛ l trockener Weißwein
Salz, Pfeffer
Für die Kräuterbutter
8 Spinatblätter
1 Bund Brunnenkresse
10–12 Stängel Petersilie
10–12 Stängel frischer Kerbel
1 Knoblauchzehe
1 Zitrone
2 Anchovisfilets
2 TL abgetropfte Kapern
1 kleine Einlegegurke
75 g Butter
3 EL Olivenöl
1 TL Dijonsenf

ZUTATEN

Wolfsbarsch — Brunnenkresse

Kapern — frischer Kerbel

Petersilie

Olivenöl — Spinat — Butter

Einlegegurke — frischer Thymian

Knoblauch — Zitrone — trockener Weißwein

Anchovisfilets — Dijonsenf

▶ **PROFI-TIPP** Statt des Wolfsbarschs können Sie auch Lachsforelle oder Dorade verwenden.

ARBEITSFOLGE

1 DIE KRÄUTERBUTTER HERSTELLEN

2 DEN FISCH BACKEN

54

GEBACKENER WOLFSBARSCH

1 DIE KRÄUTERBUTTER HERSTELLEN

Frische junge Blätter eignen sich am besten.

1 Die Spinatblätter und die Brunnenkresse von den harten Rippen und Stielen befreien und in reichlich kaltem Wasser waschen. Von der Brunnenkresse die Hälfte für die Garnierung beiseite legen.

2 Petersilien- und Kerbelblätter von den Stängeln zupfen; zum Spinat und zur Brunnenkresse geben. Aus dem Wasser nehmen und gut abtropfen lassen.

3 In dem mittelgroßen Topf Salzwasser zum Kochen bringen. Spinat, Brunnenkresse, Petersilie und Kerbel hineingeben und 1–2 Minuten blanchieren, bis Gemüse und Kräuter weich sind. Über dem Durchschlag abgießen.

4 Mit kaltem Wasser abschrecken und alles gut abtropfen lassen. Mit den Händen ausdrücken, um überschüssiges Wasser zu entfernen.

▶ **PROFI-TIPP** *Durch das Abschrecken mit kaltem Wasser behalten Gemüse und Kräuter ihre leuchtend grüne Farbe.*

5 Das Kochmesser flach auf die Knoblauchzehe legen und mit der Faust auf die Klinge schlagen. Die Haut abziehen.

6 Die Zitrone längs halbieren. Eine Hälfte mit der Schnittfläche nach unten auf das Schneidbrett legen, quer in dünne Scheiben schneiden und beiseite legen. Aus der anderen Zitronenhälfte den Saft pressen.

Zitronensaft lässt sich am besten mit einer Zitronenpresse auspressen.

Gebackener Wolfsbarsch

8 Bei laufender Maschine langsam das Olivenöl zugießen. Zitronensaft, Senf, Salz und Pfeffer zufügen und nochmals kurz durchrühren. Abschmecken, die Buttermischung aus der Küchenmaschine nehmen und beiseite stellen.

Den Senf zugeben, nachdem die grünen Blätter gehackt wurden.

7 In der Küchenmaschine Knoblauch, Anchovisfilets, Kapern und die Gurke fein hacken. Die Butter stückchenweise zugeben und die Mischung zu einem glatten Püree verarbeiten. Gemüse- und Kräuterblätter zufügen und fein hacken.

2 Den Fisch backen

Zum Abschneiden der Flossen eine möglichst kräftige Schere verwenden.

Die Brustflossen mit der Schere entfernen.

1 Den Backofen auf 190 °C (Gas Stufe 3) vorheizen. Mit der Schere die Flossen des Wolfsbarschs abschneiden. Die Schwanzflosse v-förmig einkürzen.

2 Den Fisch innen und außen mit Wasser abspülen, dann mit Küchenpapier trockentupfen.

3 Mit dem Kochmesser den Fisch auf beiden Seiten 3- bis 4-mal schräg einschneiden, damit er gleichmäßig gart. Die Einschnitte sollten gut 1 cm tief sein.

4 Den Wolfsbarsch in die Bratenpfanne legen. In jeden Einschnitt eine Zitronenscheibe und einen Thymianstängel stecken.

GEBACKENER WOLFSBARSCH

5 Die Butter auf dem Fisch verteilen, den Weißwein darüber gießen und mit Salz und Pfeffer bestreuen.

Wein und Butter verleihen dem Wolfsbarsch ein köstliches Aroma.

6 Den Fisch unter gelegentlichem Begießen 30–40 Minuten im Backofen garen, bis sich das Fleisch leicht mit einer Gabel zerpflücken lässt.

▶ **PROFI-TIPP** *Der Fisch ist gar, wenn das Fleisch in der Mitte undurchsichtig ist.*

▶ **SERVIER-TIPP** Den Wolfsbarsch auf eine vorgewärmte Platte legen und mit der zurückbehaltenen Brunnenkresse garnieren. Heiß oder bei Raumtemperatur servieren, die Kräuterbutter getrennt dazureichen.

Wolfsbarsch „Loire"

Bei dieser Variante aus der Loire-Gegend wird die Kräuterbutter durch eine weiße Sauce ersetzt.

1 Die Kräuterbutter weglassen. 2 küchenfertige Wolfsbarsche (Gewicht je etwa 1 kg) wie beschrieben 25–30 Minuten backen, dabei statt des Thymians frischen Estragon verwenden.

2 Während der Fisch gart, für die Sauce 2 Schalotten fein würfeln.

3 In einer kleinen Pfanne mit schwerem Boden 3 EL Weißweinessig und 3 EL trockenen Weißwein zusammen mit den Schalotten 3–5 Minuten kochen, bis die Sauce auf 1 EL eingekocht ist. 1 EL Schlagsahne zufügen, aufkochen und die Sauce erneut bis auf 1 EL einkochen lassen. 250 g gekühlte Butter in Stückchen schneiden. Den Topf von der Kochstelle nehmen und die Butter in die Zwiebeln einrühren, dabei den Topf immer wieder kurz auf die Kochstelle setzen. Die Butter soll die Sauce cremig machen. Der Pfannenboden darf nur handwarm werden. Die Sauce abschmecken. Die Sauce bis zum Servieren auf ein Gitter setzen und über einem Topf mit warmem Wasser warm halten.

4 Jeden Fisch halbieren und Kopf und Schwanz entfernen. Zusammen mit der Sauce servieren.

Das Aroma der Zitrone und des Thymians durchdringt das Fischfleisch.

Die leuchtend grüne Kräuterbutter reicht man getrennt zum Fisch.

Kalbsmedaillons mit Salbei

6 Portionen · **Arbeitszeit 15 Minuten** · **Brat- und Kochzeit etwa 20 Minuten**

1 Die Medaillons waschen, trockentupfen und mit einem Fleischklopfer von beiden Seiten klopfen.

2 Jeweils auf beiden Seiten ein Salbeiblatt andrücken, dann die Medaillons in wenig Mehl wenden. Das Mehl vorsichtig abschütteln, dabei die Salbeiblätter festhalten.

3 Die Schalotten abziehen und fein hacken. In einer Pfanne die Butter und das Öl erhitzen.

4 Den Backofen auf 230 °C (Gas Stufe 5) vorheizen. Die Medaillons in der Pfanne von beiden Seiten je 3 Minuten auf dem Herd braten.

5 Die Medaillons auf den Backofenrost legen, die Fettpfanne darunter schieben. Im vorgeheizten Backofen 5 Minuten backen.

6 Die Medaillons auf eine vorgewärmte Platte legen und warm stellen. Die Schalotten bei schwacher Hitze in der Pfanne glasig braten.

Salbei verleiht dem Kalbfleisch ein besonderes Aroma, deshalb gibt es viele solcher Rezepte. In Frankreich heißt dieses Gericht Médaillons de Veau à la Sauge. Kalbfleisch wird seit je besonders geschätzt, da es zart und wohlschmeckend ist. Es ist fettarm und besitzt eine feine Struktur. Die Medaillons werden aus dem zartesten Stück, dem Filet, geschnitten.

Was Sie brauchen

6 Kalbsmedaillons
12 Salbeiblätter
2 EL Mehl
3 Schalotten
1 EL Butter
1 EL Öl
5–6 EL Salbeiessig
100 ml Wasser
1 EL Hühnerbrühpulver
250 g Crème fraîche
Salz
schwarzer Pfeffer aus der Mühle

7 Die Schalotten mit einem Schaumlöffel herausnehmen. Das Fett aus der Pfanne schöpfen. Den Bratensatz mit dem Essig lösen. Die Schalotten wieder in die Pfanne geben. Einkochen lassen, bis die Flüssigkeit verdampft ist.

8 Das Wasser mit dem Brühpulver aufkochen. Zu den Schalotten gießen und zur Hälfte einkochen lassen.

9 Die Crème fraîche zugeben. Salzen und pfeffern. Die Sauce auf den Medaillons verteilen. Sofort servieren.

▸ **VARIANTE** *Gut schmeckt eine geschmorte Kalbslende. Dazu 1 kg Kalbslende waschen und trockentupfen. 3 Zwiebeln abziehen und fein hacken. 3 Möhren und eine weiße Rübe schälen, putzen, waschen und fein hacken. 200 g durchwachsenen Speck klein würfeln. 1 EL Butter, 2 EL Öl und den Speck erhitzen und das Kalbslendenstück darin von allen Seiten anbraten. Etwa 200 ml Wasser zugießen. Ein Bouquet garni, die Zwiebeln, die Möhren und die Rübe zugeben. Salzen und pfeffern, dann zudecken und eine Stunde schmoren. Das Fleisch herausnehmen und in Scheiben schneiden. Von der Sauce das Fett abschöpfen. Die Sauce durch ein Sieb geben und zum Fleisch servieren.*

▸ **PROFI-TIPP** *Das Gericht schmeckt noch besser, wenn Sie die Brühe selbst zubereiten.*

▸ **SERVIER-TIPP** *Dazu passen Bandnudeln und ein kühler Beaujolais aus der Region Saône-et-Loire, z. B. ein Beaujolais-Villages, oder aus der Region Rhône.*

Kalbsragout mit Salbei

*Dazu passen Reis und ein gemischter Salat.
Das Gericht kann eingefroren werden.*

1 750 g Kalbfleisch ohne Knochen waschen, trocknen und in mundgerechte Würfel schneiden. Ein Bund Salbei waschen und trockentupfen, die Blätter abzupfen. 4 Knoblauchzehen abziehen und in Scheiben schneiden.

2 In einem Topf 4 EL Öl erhitzen. Knoblauch und Salbeiblätter hineingeben und anbraten. Mit einem Schaumlöffel herausnehmen und beiseite stellen.

3 Das Fleisch portionsweise im Fett von allen Seiten anbraten. Dann das gesamte Fleisch in den Topf geben. Mit 1 EL Mehl bestäuben. Knoblauch und Salbei zugeben.

4 Mit Salz und schwarzem Pfeffer würzen. $1/8$ l Fleischbrühe zugießen und aufkochen lassen. Zudecken und bei schwacher Hitze 45 Minuten schmoren. 125 g Schlagsahne unterrühren. Salzen und pfeffern.

Ente süßsauer mit Kirschen

🍽 2–3 PORTIONEN   ⏲ ARBEITSZEIT 30–35 MINUTEN   🍲 KOCHZEIT 1¼–1½ STUNDEN

GERÄTE

- Sieb
- Schaumlöffel
- Holzlöffel
- Fleischgabel
- kleines Messer
- Schüsseln
- Metalllöffel
- Bratenpfanne
- Kirschentsteiner*
- Töpfe, einer davon mit schwerem Boden
- Dressiernadel mit Garn
- Aluminiumfolie
- Küchenpapier

*oder Gemüseschäler

Sauerkirschen sind der Schlüssel zum perfekten Gelingen dieses Gerichts. Es stammt aus dem Limousin, einer Landschaft des Zentralmassivs in Mittelfrankreich. Die Sauce, die zur knusprig gebratenen Ente gereicht wird, verdankt ihr süß-saures Aroma einer Mischung aus Karamell und Rotweinessig.

ZUTATEN

- Ente
- Sauerkirschen
- Brunnenkresse
- Mehl
- Rinder- oder Kalbsfond
- Pflanzenöl
- Rotweinessig

▶ **PROFI-TIPP** Sollten keine frischen Sauerkirschen zur Verfügung stehen, können Sie auch ein 500-g-Glas entsteinte Sauerkirschen verwenden.

ARBEITSFOLGE

1. DIE ENTE DRESSIEREN
2. DIE ENTE BRATEN
3. DEN KARAMELL UND DIE SAUERKIRSCHEN VORBEREITEN
4. DIE SAUCE FERTIG STELLEN UND DIE ENTE TRANCHIEREN

WAS SIE BRAUCHEN

1 Ente, Gewicht etwa 1,8 kg
1 EL Pflanzenöl
75 ml Wasser
60 g Kristallzucker
75 ml Rotweinessig
375 g Sauerkirschen
375 ml Rinder- oder Kalbsfond (siehe Kasten S. 155)
Salz, Pfeffer
1 kleines Bund Brunnenkresse für die Garnierung, nach Belieben

1 Die Ente dressieren

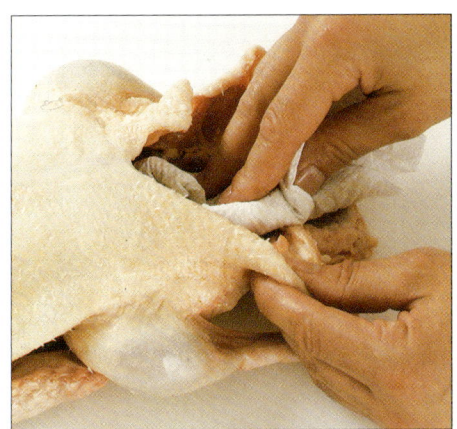

1 Die Ente innen mit Küchenpapier auswischen; innen und außen mit Salz und Pfeffer würzen. Überschüssige Fett- und Hautstücke wegschneiden.

2 Mit dem kleinen Messer das Gabelbein entfernen. Das Brustfleisch lässt sich dann später leicht in schöne Scheiben schneiden.

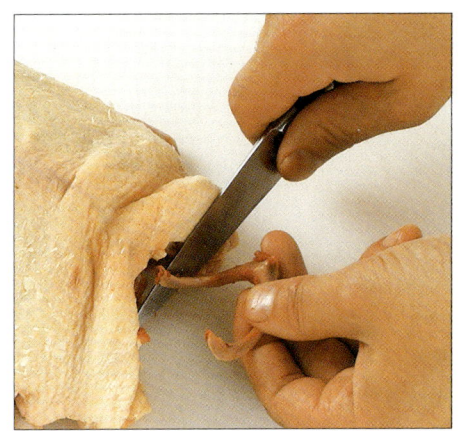

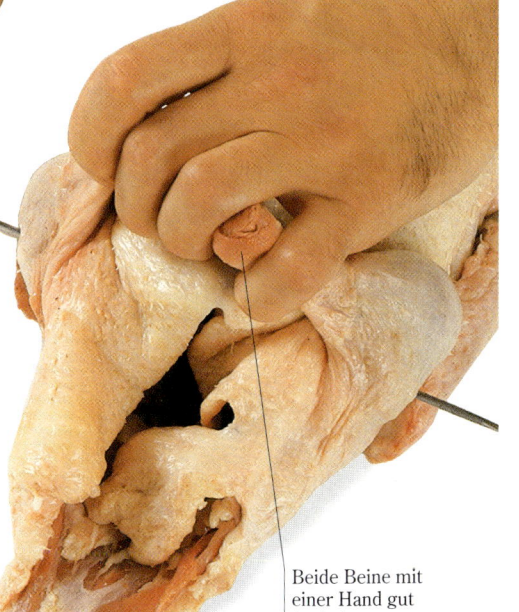

Beide Beine mit einer Hand gut festhalten.

3 Die Ente auf den Rücken legen; die Schenkel kräftig nach hinten und nach unten drücken. Die Dressiernadel am Kniegelenk einstechen und so durch die Ente schieben, dass die Nadel am anderen Kniegelenk wieder austritt.

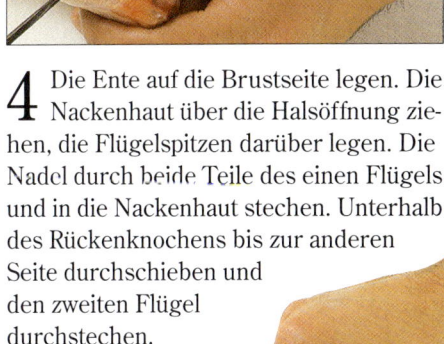

4 Die Ente auf die Brustseite legen. Die Nackenhaut über die Halsöffnung ziehen, die Flügelspitzen darüber legen. Die Nadel durch beide Teile des einen Flügels und in die Nackenhaut stechen. Unterhalb des Rückenknochens bis zur anderen Seite durchschieben und den zweiten Flügel durchstechen.

Das Küchengarn fest zusammenknoten.

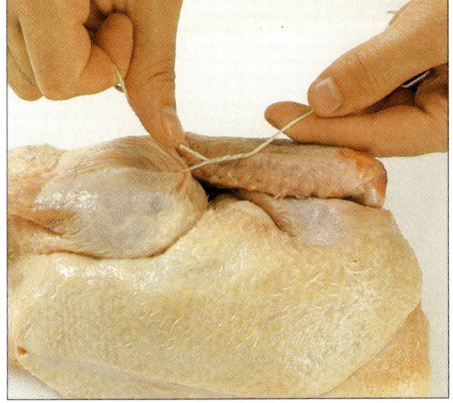

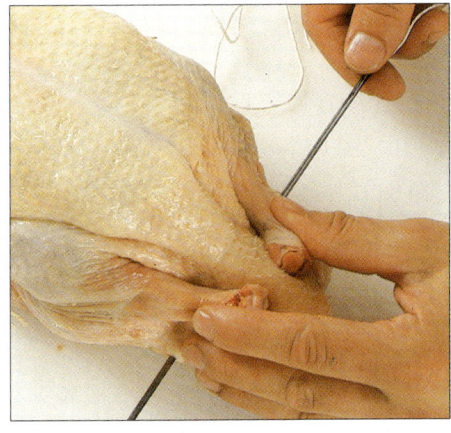

5 Die Ente auf die Seite legen, dann die Enden des Küchengarns festziehen und zusammenknoten.

6 Die Ente auf den Rücken legen und das Schwanzende nach innen stecken. Die obere Haut über die Öffnung ziehen und die Nadel durch die Haut stechen.

7 Das Garn unter dem Brustbein durchführen und um die Unterschenkel schlingen. Die Enden fest zusammenbinden.

ENTE SÜSSSAUER MIT KIRSCHEN

2 Die Ente braten

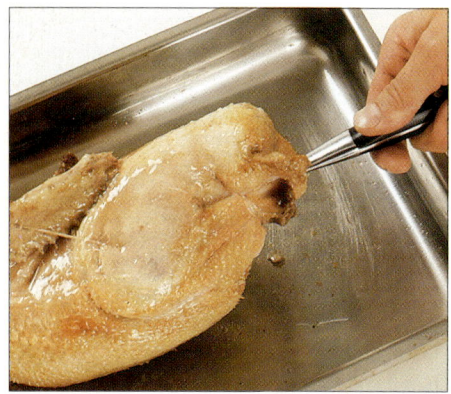

Das beim Braten austretende Fett wird abgeschöpft.

1 Den Backofen auf 220 °C (Gas Stufe 4–5) vorheizen. Das Öl in die Bratenpfanne geben und erhitzen. Die Ente auf eine Seite legen und im Ofen 15 Minuten braten. Dann auf die andere Seite drehen und ebenfalls 15 Minuten braten.

2 Mit dem Metalllöffel das Fett aus der Bratenpfanne entfernen. Es wird nicht mehr benötigt.

3 Die Entenhaut rundum mit der Fleischgabel einstechen, damit das flüssige Fett austreten kann. Die Hitze auf 190 °C (Gas Stufe 3) reduzieren. Die Ente auf die Brustseite legen und weitere 15 Minuten braten. Austretendes Fett entfernen.

Die Entenhaut mit der Fleischgabel einstechen.

4 Die Ente auf den Rücken drehen; weitere 15–20 Minuten braten, bis klarer Saft aus der Bauchhöhle austritt. Dazu die Ente mit der Fleischgabel anheben und schräg halten, um die Farbe des austretenden Saftes zu sehen. Die Ente auf eine vorgewärmte Platte legen, mit Folie bedecken und warm halten. In der Zwischenzeit die Saucenzutaten vorbereiten.

3 Den Karamell und die Sauerkirschen vorbereiten

1 Das Wasser und den Zucker in den Topf mit schwerem Boden geben und unter gelegentlichem Rühren langsam erhitzen, bis sich der Zucker aufgelöst hat.

2 Die Hitze erhöhen und die Mischung ohne zu rühren 5–8 Minuten kochen lassen, bis sie beginnt, sich goldbraun zu verfärben. Bei verminderter Hitze weitere 30–60 Sekunden tief goldbraun kochen. Den Topf von der Kochstelle nehmen, damit der Karamell nicht weiterkocht.

Ente süsssauer mit Kirschen

3 Den Essig zugießen. Unter gelegentlichem Rühren 3–5 Minuten köcheln, bis sich der Karamell aufgelöst hat und die Mischung bis auf die Hälfte eingekocht ist. Von der Kochstelle nehmen und beiseite stellen.

▶ **ACHTUNG!** Abstand halten, da der Karamell beim Zugießen des Essigs spritzt und es kurzzeitig zu einer starken Rauchentwicklung kommt.

4 Die Stiele der Kirschen entfernen. Die Früchte mit dem Kirschentsteiner entkernen oder die Steine mit der Spitze eines Gemüseschälers herausheben. Bei Verwendung von Sauerkirschen aus dem Glas die Früchte abtropfen lassen.

Mit dem Kirschentsteiner lassen sich die Kirschkerne leicht entfernen.

5 In einem mittelgroßen Topf die Karamell-Essig-Mischung mit dem Kalbs- oder Rinderfond mischen.

6 Die entsteinten Kirschen zufügen und 3–5 Minuten (frische Kirschen) bzw. 1–2 Minuten (Kirschen aus dem Glas) köcheln lassen, bis sie gerade weich sind. Die Früchte mit dem Schaumlöffel in eine Schüssel geben.

4 Die Sauce fertig stellen und die Ente tranchieren

1 Von der Bratenpfanne gegebenenfalls Fettreste entfernen. Die Bratenpfanne auf den Herd stellen und die Karamellmischung zugießen; erhitzen und unter Rühren zum Kochen bringen. 3–5 Minuten weiterköcheln, bis die Flüssigkeit auf die Hälfte eingekocht ist.

2 Die Flüssigkeit durch das Sieb zurück in den Topf geben. Mit dem Holzlöffel zwei Drittel der Kirschen durch das Sieb zur Flüssigkeit pressen. Die restlichen ganzen Kirschen zufügen und aufkochen; mit Salz und Pfeffer abschmecken.

Durch die pürierten Kirschen wird die Sauce dickflüssig.

Ente süsssauer mit Kirschen

Die gebratene Entenhaut ist goldbraun und knusprig.

Die Schenkel werden am Gelenk abgetrennt.

3 Die Ente mit dem Rücken auf das Schneidbrett legen und das Dressiergarn entfernen. Die Ente mit der Fleischgabel festhalten und die Haut zwischen Schenkeln und Rumpf durchtrennen. Die Schenkel mit dem Messer nach außen drücken, bis das Brustfleisch zu sehen ist.

4 Zum Abtrennen der Schenkel die Ente auf die Seite drehen und die Fleischgabel in den Oberschenkel stechen. Die Keule nach außen biegen, damit das Gelenk bricht, und sie dann abtrennen. Den Vorgang mit dem zweiten Schenkel wiederholen.

Zum Tranchieren der Ente ein scharfes Messer verwenden.

5 Die Schenkel entlang der weißen Fettschicht am Gelenk halbieren.

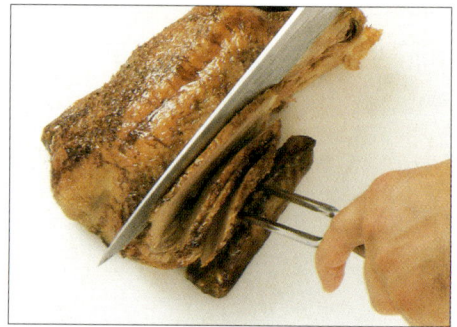

6 Kurz oberhalb des Flügelgelenks durch das Brustfleisch bis zum Knochen einen waagrechten Einschnitt machen. Dabei die Ente mit der Fleischgabel festhalten.

7 Die Entenbrust parallel zum Brustkorb in dünnen langen Streifen abschneiden.

▶ **PROFI-TIPP** *Entenflügel haben kein Fleisch und werden daher in der Regel nicht serviert.*

ENTE SÜSSSAUER MIT KIRSCHEN

8 Auf einer vorgewärmten Servierplatte am einen Ende die Entenbruststreifen und am anderen Ende die Schenkelstücke fächerförmig anordnen. Etwas Kirschsauce auf dem Entenfleisch verteilen.

▶ **SERVIER-TIPP** *Die Ente nach Belieben mit der Brunnenkresse garnieren und sofort servieren. Die restliche Sauce getrennt dazureichen.*

Ente mit Birnen

Reife, in Rotweinsirup gedünstete Birnen verleihen dieser Variante der süßsauren, im Ganzen gebratenen Ente ein wunderbares Aroma. Ein Teil der Früchte wird püriert und der Sauce beigefügt.

1 Kirschen und Kalbs- oder Rinderfond weglassen. Die Ente dressieren und braten sowie die Karamell-Essig-Mischung herstellen wie beschrieben. In einem mittelgroßen Topf die Karamell-Essig-Mischung und 375 ml Rotwein mischen.

2 Inzwischen 4 reife kleine Birnen, zusammen gut 600 g, mit einem Gemüseschäler schälen und vom Blüten- und Stängelansatz befreien. Die Früchte längs vierteln, dann das Kerngehäuse ausstechen. Die Birnenviertel in die Rotweinmischung legen. Die Birnen mit einem hitzebeständigen Teller beschweren, sodass sie vollständig von der Flüssigkeit bedeckt sind. Zum Kochen bringen und 8–10 Minuten köcheln lassen, bis die Früchte zart sind. Die Birnen mit dem Schaumlöffel herausnehmen.

3 Für die Sauce 8 Birnenviertel durch ein Sieb zur Rotweinmischung geben. Das Gericht fertig stellen wie beschrieben, dabei die Entenbrust und die Schenkelstücke zusammen mit je 2–3 Birnenvierteln auf vorgewärmte Teller verteilen und hübsch anordnen. Die Sauce über das Fleisch gießen und nach Belieben mit Petersilienstängeln garnieren.

Knuspriges Entenfleisch und Sauerkirschen harmonieren hervorragend miteinander.

IM VORAUS

Die Karamell-Essig-Mischung und die Kirschen können bis zu 12 Stunden im Voraus vorbereitet und zugedeckt aufbewahrt werden. Die Ente schmeckt am besten, wenn sie erst vor dem Servieren gebraten wird, damit die Haut goldbraun und knusprig ist.

Stubenküken in Weinblättern

¶ 4 PORTIONEN   ARBEITSZEIT 45–50 MINUTEN   KOCHZEIT 60–80 MINUTEN

GERÄTE

- Holzlöffel
- Kochmesser
- Fleischgabel
- Küchenmaschine
- Schöpflöffel
- großer Metalllöffel
- Schaumlöffel
- Bratpfannen
- Palette
- kleines Messer
- Schüsseln
- Küchengarn
- Aluminiumfolie
- Durchschlag
- Küchenpapier
- großer Bratentopf mit Deckel
- Sägemesser
- Metallspieß
- Sieb

Mit Weinblättern und Speck umwickelte Stubenküken werden im Backofen gegart und anschließend zusammen mit einer Weißweinsauce serviert.

IM VORAUS

Die Vögel können einen Tag im Voraus gegart und zugedeckt im Kühlschrank aufbewahrt werden. Kurz vor dem Servieren die Sauce zubereiten, die Vögel im Backofen langsam erwärmen.

WAS SIE BRAUCHEN

4 Stubenküken, je 500 g	
8–12 in Salzlake eingelegte Weinblätter	
4 Scheiben durchwachsener Speck	
4 EL Pflanzenöl	
4 Scheiben Weißbrot	
30 g Butter	
1 EL Weinbrand	
¼ l trockener Weißwein	
¼ l Hühnerfond (siehe Kasten S. 155)	
Salz, Pfeffer	

Für die Füllung

1 Schalotte	
4 Scheiben Weißbrot	
3–5 Stängel frischer Estragon	
3–5 Stängel Petersilie	
2 Scheiben durchwachsener Speck	
1 Hühnerleber, etwa 30 g	
1 EL Weinbrand	
1 Prise gemahlener Piment	

ZUTATEN

- Stubenküken
- Hühnerleber
- durchwachsener Speck
- Weinblätter
- Pflanzenöl
- trockener Weißwein
- Petersilie
- Hühnerfond
- Butter
- Weißbrot
- Schalotte
- Weinbrand
- frischer Estragon
- gemahlener Piment

ARBEITSFOLGE

1 DIE FÜLLUNG HERSTELLEN

2 DIE VÖGEL FÜLLEN UND EINWICKELN

3 DIE VÖGEL GAREN; DAS BROT RÖSTEN

Stubenküken in Weinblättern

1 Die Füllung herstellen

Die papierartige Hülle der Schalotte abziehen.

1 Die äußere Hülle der Schalotte abziehen und das Gemüse halbieren. Die Hälften auf das Schneidbrett legen und zum Wurzelansatz hin mehrmals waagrecht ein-, aber nicht völlig durchschneiden. Nun senkrecht einschneiden, aber ebenfalls nicht am Wurzelansatz durchtrennen. Dann die Schalottenhälften quer in kleine Würfel schneiden.

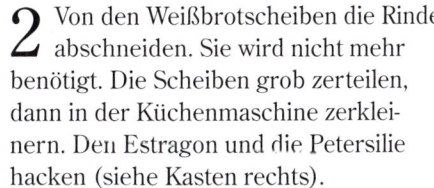

2 Von den Weißbrotscheiben die Rinde abschneiden. Sie wird nicht mehr benötigt. Die Scheiben grob zerteilen, dann in der Küchenmaschine zerkleinern. Den Estragon und die Petersilie hacken (siehe Kasten rechts).

3 Die Speckscheiben auf dem Schneidbrett aufeinander legen und mit dem Kochmesser quer in etwa 5 mm breite Streifen schneiden.

Der durchwachsene Speck wird in dünne Streifen geschnitten.

Wie man Kräuter hackt

Kräuter wie Petersilie, Dill, Estragon, Rosmarin, Schnittlauch, Thymian, Kerbel und Basilikum werden in der Regel zerkleinert, bevor man sie unter die übrigen Zutaten mischt. Empfindliche Kräuter wie Estragon und Basilikum sollte man nicht zu fein hacken, da sie dabei leicht gequetscht werden.

1 Die Blätter oder Zweige von den Stängeln zupfen, dann auf ein Schneidbrett häufen.

2 Die Blätter oder Zweige mit einem Kochmesser in kleine Stücke schneiden. Dazu die Messerspitze auf das Brett drücken und die Klinge hin- und herwiegen, bis die Kräuter gehackt sind.

▶ **PROFI-TIPP** *Das Messer muss sehr scharf sein, andernfalls werden die Kräuter nur zerdrückt und nicht gehackt.*

STUBENKÜKEN IN WEINBLÄTTERN

4 Gegebenenfalls die Hühnerleber mit dem kleinen Messer von dünner Haut befreien, dann grob hacken.

5 Die Speckstreifen in eine kleine Bratpfanne geben und unter gelegentlichem Wenden 3–5 Minuten braten, bis der Speck knusprig und das Fett ausgetreten ist. Den Speck mit dem Schaumlöffel in eine Schüssel geben.

Die gehackten Kräuter geben der Füllung etwas Farbe.

6 Die Schalotte in die Pfanne geben und 2–3 Minuten braten, bis das Gemüse weich ist. Die Hühnerleber zufügen, mit Pfeffer bestreuen und weitere 1–2 Minuten braten, bis sie gebräunt ist. Weinbrand zugießen und eine Minute köcheln lassen.

7 Die Leber-Zwiebel-Mischung mit dem Speck mischen. Zerkleinertes Weißbrot, Kräuter und Piment unterrühren. Die Füllmasse mit Pfeffer würzen. Da der Speck salzig ist, kann auf die Zugabe von Salz verzichtet werden.

2 DIE VÖGEL FÜLLEN UND EINWICKELN

Die Vögel werden mit der Mischung locker gefüllt.

Beim Kauf der Stubenküken auf eine vollfleischige Brust und eine helle, intakte Haut achten.

1 Die Stubenküken innen mit Küchenpapier auswischen, dann innen und außen mit Salz und Pfeffer würzen. Jeden Vogel mit jeweils einem Viertel der Mischung füllen.

Kräuter und Speck verleihen der Füllmasse Aroma.

Stubenküken in Weinblättern

3 Die Brust jedes Stubenkükens mit je 2–3 Weinblättern bedecken, dann jeweils eine Scheibe Speck darauf legen; dabei die Speckscheiben hälftig zusammenfalten. Jeden Vogel mit Küchengarn umbinden und wie ein Paket zusammenschnüren.

Durch die Weinblätter und den Speck erhält das Brustfleisch Aroma und trocknet nicht aus.

2 Die Weinblätter gründlich mit kaltem Wasser abspülen. Im Durchschlag abtropfen lassen. Die Blätter zwischen Lagen von Küchenpapier legen und durch vorsichtiges Drücken trocknen.

▶ **PROFI-TIPP** *Je nach Größe der Stubenküken benötigen Sie 2 oder 3 Weinblätter für jeden Vogel.*

3 Die Vögel garen, das Brot rösten

1 Den Backofen auf 180 °C (Gas Stufe 2–3) vorheizen. Die Hälfte des Öls im Bratentopf auf der Kochstelle erhitzen. Die Vögel zugeben und 5–10 Minuten bräunen. Zudecken, Topf in den Ofen stellen.

Mit dem Metallspieß die Garprobe machen.

Die Stubenküken garen im Bratentopf.

2 Die Stubenküken 45–55 Minuten garen, bis sie zart sind. Für die Garprobe den Metallspieß 30 Sekunden lang in die Füllung eines Vogels einstechen; der Spieß sollte sich beim Herausziehen heiß anfühlen.

STUBENKÜKEN IN WEINBLÄTTERN

Die Brotscheiben erhalten eine attraktive Dreiecksform.

3 Von den Weißbrotscheiben die Brotrinde entfernen, dann jede Scheibe diagonal halbieren, sodass 2 Dreiecke entstehen.

4 Die Butter zusammen mit dem restlichen Öl in einer großen Bratpfanne erhitzen. Die Brotdreiecke zugeben und auf einer Seite 1–2 Minuten braten, bis sie goldbraun sind. Das Brot in 2 Portionen braten.

5 Die Dreiecke wenden und weitere 1–2 Minuten braten, bis beide Seiten goldbraun sind. Aus der Pfanne nehmen und auf Küchenpapier abtropfen lassen.

6 Die Stubenküken auf eine Platte legen. Das Küchengarn entfernen; die Vögel warm halten, dazu mit Alufolie bedecken.

Das Küchengarn mit der Schere durchschneiden.

7 Das Fett mit dem großen Metalllöffel aus dem Bratentopf schöpfen. Den Weinbrand und den Weißwein in den Bratentopf gießen.

8 Zum Kochen bringen, dann unter Rühren 5–7 Minuten köcheln lassen, bis die Flüssigkeit auf die Hälfte eingekocht ist. Den Hühnerfond zugießen und weitere 5–7 Minuten köcheln lassen, bis die Flüssigkeit erneut auf die Hälfte eingekocht ist.

9 Die Sauce mit dem Schöpflöffel durch das Sieb in eine kleine Schüssel geben; abschmecken.

▸ **SERVIER-TIPP** Die Stubenküken auf 4 vorgewärmte Portionsteller legen und die Sauce darüber verteilen. Die gebratenen Brotscheiben nach Belieben mit gehackter Petersilie bestreuen. 2 Brotscheiben neben jeden Vogel legen. Sofort servieren, damit das Brot knusprig bleibt. Jeden Gast die Weinblätter und den Speck selbst entfernen lassen.

Stubenküken mit Chicorée

Bei dieser Variante der Stubenküken in Weinblättern wird Chicorée im Backofen geschmort, bis er weich und zart ist. Rotweinessig ersetzt den Weißwein und fügt der Sauce eine herbe Note hinzu.

1 Die Weinblätter, den Weißwein, 4 der Speckscheiben, 1 EL des Weinbrands und die Brotscheiben weglassen.

2 Die Füllung wie beschrieben zubereiten; die Stubenküken füllen, mit Küchengarn zubinden und im Backofen garen. Inzwischen den Chicorée vorbereiten. Dazu eine mittelgroße Backform mit zerlassener Butter auspinseln. Von 4 mittelgroßen Chicoréeköpfen (Gesamtgewicht knapp 400 g) gegebenenfalls welke Blätter entfernen. Mit einem kleinen Messer den Kern aus jedem Chicoréekopf herausschneiden. Die Köpfe mit Küchenpapier abreiben und längs halbieren.

3 Die Chicoréeköpfe mit der Schnittseite nach unten in die vorbereitete Form legen; mit Salz und Pfeffer bestreuen. Ein Stück Aluminiumfolie buttern und auf den Chicorée pressen. Form in den Ofen geben und 35–40 Minuten schmoren, bis das Gemüse braun und weich ist, wenn man mit einer Messerspitze hineinsticht. Die Hälften ein- bis zweimal wenden.

4 Wenn die Stubenküken gar sind, das Küchengarn entfernen und die Vögel auf 4 vorgewärmte Portionsteller legen. Neben jeden Vogel 2 Chicoréehälften legen und zum Warmhalten mit Aluminiumfolie zudecken. Inzwischen die Sauce fertig stellen. Dazu 2 EL Rotweinessig in den Bratentopf geben und umrühren, damit sich der Bratensatz löst. 375 ml Hühnerfond zugießen, mit Salz und Pfeffer abschmecken und 3–5 Minuten köcheln lassen, bis die Sauce ein kräftiges Aroma hat. Erneut abschmecken, die Sauce durch ein Sieb geben und um die Stubenküken herum verteilen.

Die gebratenen Brotdreiecke werden mit gehackter Petersilie bestreut.

Die Vögel werden zusammen mit den Weinblättern und dem Speck serviert.

Karottenbänder sind eine attraktive Ergänzung zu den Stubenküken.

Geschmortes Huhn mit Oliven

4 Portionen · Arbeitszeit 40 Minuten · Schmorzeit 30 Minuten

Dies ist ein klassisches südfranzösisches Gericht, das in seiner Farbenpracht aus roten Paprikaschoten, gelber Zitrone, schwarzen Oliven und grünen Kräutern kaum zu überbieten ist.

Was Sie brauchen

1 Huhn, etwa 1,5 kg
6 Frühlingszwiebeln
6 Knoblauchzehen
2 rote Paprikaschoten
1 unbehandelte Zitrone
20–24 schwarze Oliven
3 EL Öl
Salz
schwarzer Pfeffer aus der Mühle
12 Salbeiblätter
2 Estragonstängel

1 Das Huhn innen und außen waschen. Mit Küchenpapier trockentupfen und in 4 Stücke schneiden.

2 Die Frühlingszwiebeln von den grünen Blättern befreien und abziehen. Die Knoblauchzehen abziehen.

3 Die Paprikaschoten entstielen, halbieren, entkernen, waschen und in große Stücke schneiden.

4 Die Zitrone waschen, trockentupfen und in dünne Scheiben schneiden.

5 Die Oliven mit einem Messer oder Kirschentkerner von den Steinen befreien.

6 Das Öl in einer Bratenpfanne erhitzen. Die Hühnerstücke darin von allen Seiten braun braten. Herausnehmen und beiseite stellen.

7 Die Frühlingszwiebeln und die Knoblauchzehen in die Pfanne geben. Im Fett unter Rühren etwa 3 Minuten braten, bis sie hellbraun sind. Dann herausnehmen und beiseite stellen.

8 Die Paprikaschoten im Fett 2 Minuten anbraten. Die Hühnerstücke, die Zwiebeln, den Knoblauch, die Zitronenscheiben und die Oliven zugeben. Salzen und pfeffern. Zudecken und im Backofen bei 200 °C (Gas Stufe 3–4) 30 Minuten schmoren.

9 10 Minuten vor Schmorende die Salbeiblätter waschen und trockentupfen. Auf dem Huhn verteilen und das Fleisch offen weiterbraten. Inzwischen die Estragonstängel waschen und trockentupfen; die Blätter abzupfen und fein hacken. Das Huhn mit den Estragonblättern bestreuen und in der Bratenpfanne servieren.

▸ **PROFI-TIPP** *Sie können auch entkernte Oliven nehmen, nicht entkernte behalten jedoch länger ihr Aroma. Bei Bedarf beim Schmoren etwas Weißwein zugießen.*

▸ **SERVIER-TIPP** *Sehr gut passen dazu Croûtons und ein Weißwein aus dem Languedoc-Roussillon, z. B. von den Rebsorten Alicante, Aramon, Clairette, Malvoise oder Muscat.*

Geschmortes Huhn mit Rahmsauce

*Saucen machen die feine französische Küche aus.
Sie werden stundenlang gekocht und erhalten dabei ein einzigartiges Aroma.*

1 Eine Zwiebel abziehen und vierteln. Eine Möhre schälen, putzen, waschen und halbieren. Eine kleine Lauchstange vom Grün befreien, putzen, waschen, in große Stücke schneiden.
2 700 g Hühnerkopf, -haut und -knochen in einen Topf geben. 1½ l Wasser und das Gemüse zugeben. Salzen und pfeffern. Zudecken und bei schwacher Hitze 6 Stunden köcheln lassen. Ein Huhn wie im Hauptrezept beschrieben vorbereiten.
3 In einer Pfanne 3 EL Butter erhitzen. Die Hühnerstücke darin von allen Seiten goldgelb braten. Eine Hühnerleber waschen, mit Küchenpapier trockentupfen und in Würfel schneiden. Zu den Hühnerstücken geben. 3 EL Weißwein zugießen und alles etwa 30 Minuten schmoren.
4 Inzwischen die Hüte von 200 g kleinen Champignons mit feuchtem Küchenpapier säubern; die Stiele kürzen. Die Pilze zum Huhn geben und 20 Minuten mitschmoren.
5 Nach Belieben eine schwarze Trüffel mit Küchenpapier abwischen und in dünne Scheiben schneiden. Die Brühe abgießen. Auf ¼ l einkochen. 250 g Schlagsahne zugießen. Weiter einkochen. Salzen und pfeffern.
Zum Huhn geben.

Flambiertes Huhn mit Garnelen

4–6 Portionen · **Arbeitszeit 25–30 Minuten** · **Kochzeit 45–55 Minuten**

Geräte

- Schaumlöffel
- Kochmesser
- kleines Messer
- Fleischgabel
- Holzlöffel
- große Sauteuse mit Deckel
- Topf
- Schüsseln
- Aluminiumfolie
- Schneidbrett

Zutaten

- Huhn
- Marc de Bourgogne*
- Tomatenmark
- rohe, ungeschälte, große Garnelen
- Petersilie
- Knoblauch
- Tomaten
- Hühnerfond
- trockener Weißwein
- Bouquet garni
- Schalotten
- Butter
- Zwiebel
- Pflanzenöl

*oder Weinbrand

Diese auf den ersten Blick ungewöhnliche Kombination aus Huhn und Garnelen wird in Burgund sehr geschätzt. Verfeinert wird das Gericht mit dem französischen Tresterbrand Marc, der den übrigen Zutaten ein besonderes Aroma verleiht.

Was Sie brauchen

1 mittelgroße Zwiebel
2 Schalotten
4–6 Stängel Petersilie
250 g Tomaten
2 Knoblauchzehen
30 g Butter
2 EL Pflanzenöl
375 g rohe, ungeschälte, große Garnelen
1 Huhn, 1,8 kg, zerlegt in 8 Stücke
3 EL Marc de Bourgogne
1 EL Tomatenmark
1 Bouquet garni aus 5–6 Stängeln Petersilie, 2–3 Stängeln frischem Thymian und 1 Lorbeerblatt
4 EL trockener Weißwein
1/8 l Hühnerfond
Salz, Pfeffer

Arbeitsfolge

1 Die Zutaten vorbereiten

2 Das Huhn und die Garnelen garen

Flambiertes Huhn mit Garnelen

1 Die Zutaten vorbereiten

1 Die Zwiebel abziehen, dabei den Wurzelansatz belassen. Längs halbieren, flach auf das Schneidbrett legen und erst waagrecht, dann senkrecht mehrmals bis zur Wurzel ein-, aber nicht vollständig durchschneiden. Anschließend quer in feine Würfel schneiden.

Die Zwiebelschale kann für den Fond verwendet werden.

Wie man Tomaten abzieht, entkernt und hackt

Tomaten werden oft abgezogen und entkernt, bevor man sie zerkleinert, damit sie nach dem Kochen nicht passiert werden müssen.

1 In einem Topf Wasser zum Kochen bringen. Mit einem kleinen Messer den Stielansatz der Tomaten herausschneiden und die Früchte unten kreuzweise einritzen. Je nach Reifegrad 8–15 Sekunden in das kochende Wasser legen, bis die Haut platzt. Mit dem Schaumlöffel sofort in eine Schüssel mit kaltem Wasser geben.

2 Die äußere Hülle der Schalotte abziehen und das Gemüse halbieren. Die Hälften mit der Schnittfläche nach unten auf das Schneidbrett legen.

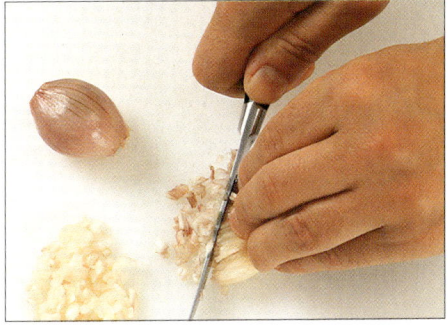

3 Zum Wurzelansatz hin mehrmals waagrecht ein-, aber nicht völlig durchschneiden. Nun senkrecht einschneiden, aber ebenfalls nicht am Wurzelansatz durchtrennen. Quer würfeln.

2 Sobald die Tomaten abgekühlt sind, mit dem kleinen Messer die Haut abziehen. Die Früchte quer halbieren und die Samen herausdrücken.

4 Die Petersilienblätter von den Stängeln zupfen. Die Blätter auf das Schneidbrett häufen und fein hacken. Die Tomaten abziehen, entkernen und grob hacken (siehe Kasten rechts).

Knoblauch lässt sich leicht abziehen, wenn er zuvor zerdrückt wird.

5 Das Kochmesser flach auf jede Knoblauchzehe legen und mit der Faust auf die Klinge schlagen. Die Haut abziehen und den Knoblauch fein hacken.

3 Die Hälften auflegen und mit einem Kochmesser in Scheiben schneiden. Drehen, erneut durchschneiden und grob oder fein hacken.

2 Das Huhn und die Garnelen garen

1. Die Butter und das Öl in die Sauteuse geben und erhitzen. Die Garnelen zufügen und bei großer Hitze 2–3 Minuten braten, bis sie gerade rosa werden und nicht mehr durchsichtig sind; dabei gelegentlich umrühren. Die Garnelen mit dem Schaumlöffel aus der Sauteuse nehmen, auf einen Teller geben und beiseite stellen.

Die Garnelen werden beim Garen rosa.

2. Die Hühnerstücke mit Salz und Pfeffer würzen. Mit der Hautseite nach unten in die Pfanne legen und bei mittlerer Hitze 8–10 Minuten braten, bis sie gut gebräunt sind.

3. Die Hühnerstücke mit der Fleischgabel wenden und auf der anderen Seite ebenfalls 3–5 Minuten bräunen.

4. Zwiebel, Schalotten und Knoblauch zufügen. Die Sauteuse zudecken; die Zutaten bei niedriger Hitze 10 Minuten garen, bis das Gemüse weich, aber nicht braun ist.

Den Fond nach den übrigen Zutaten zugeben.

5. Den Marc zugießen und zum Kochen bringen. Ein brennendes Streichholz an den Pfannenrand halten und den Alkohol entzünden. Das Huhn 20–30 Sekunden mit dem brennenden Marc begießen, bis die Flammen in sich zusammensinken.

6. Tomaten, Tomatenmark, Bouquet garni, Wein, Hühnerfond, Salz und Pfeffer zufügen, gut umrühren und aufkochen. Zugedeckt 10–15 Minuten köcheln, bis das Huhn weich ist, wenn man mit einer Gabel hineinsticht, dabei ab und zu wenden. Auf eine Platte legen; warm halten.

Das Bouquet garni verleiht dem Gericht ein frisches Kräuteraroma.

7 Die Sauce wieder zum Kochen bringen, dann 8–10 Minuten köcheln lassen, bis sie leicht eindickt.

8 Die Garnelen schälen, dabei das letzte Schwanzglied belassen. Die geschälten Garnelen in eine Schüssel geben.

9 Das Huhn und die Garnelen zur Sauce in die Sauteuse geben und unter Rühren 1–2 Minuten erhitzen. Das Bouquet garni entfernen; die Sauce abschmecken.

▸ **SERVIER-TIPP** *Die Hühnerstücke und die Garnelen auf eine vorgewärmte Platte geben. Die Sauce über dem Huhn und den Garnelen verteilen, das Gericht mit der gehackten Petersilie bestreuen und sofort servieren.*

Die Garnelen sind dekorativ auf den Hühnerstücken angeordnet.

Die gehackte Petersilie bildet einen farblichen Kontrast zu den Garnelen.

Sautiertes Huhn mit Fenchel

Frischer Fenchel verleiht diesem Gericht ein würziges, an Anis erinnerndes Aroma.

1 Petersilie, Garnelen und Marc de Bourgogne weglassen. Zwiebel, Schalotten, Tomaten und Knoblauch wie beschrieben vorbereiten. 2 große Fenchelknollen (Gesamtgewicht etwa 750 g) in Scheiben schneiden; dazu Stängelenden und Wurzelansatz abschneiden. Harte äußere Blätter entfernen. Etwas vom Fenchelgrün für die Garnierung zurückbehalten. Die Knollen halbieren, die Hälften flach auf das Schneidbrett legen und quer in dünne Scheiben schneiden.

2 Das Huhn wie beschrieben bräunen, dann herausnehmen und auf einen Teller legen. Fenchel, Zwiebel, Schalotten und Knoblauch in die Sauteuse geben und 3–5 Minuten garen, bis das Gemüse weich ist. Die Hühnerstücke zugeben und zugedeckt weitere 10 Minuten garen. 2 EL Pastis oder anderen Anislikör zugießen und das Huhn flambieren. Tomaten, Tomatenmark, Weißwein, Hühnerfond und Bouquet garni zufügen. Das Gericht wie beschrieben garen und fertig stellen. Mit dem zurückbehaltenen Fenchelgrün garnieren.

Im Voraus

Das Gericht kann einen Tag im Voraus zubereitet und zugedeckt im Kühlschrank aufbewahrt werden. Erst unmittelbar vor dem Servieren erwärmen.

Provenzalisches Kaninchen

4 Portionen ⌇ **Arbeitszeit 35–40 Minuten** ⌇ **Kochzeit 3–3½ Stunden**

Geräte

- Kochmesser
- Ausbeinmesser
- Fleischgabel
- flache Schale aus Glas oder Keramik
- Küchenbeil
- Backpinsel
- große Platte
- Holzlöffel
- kleines Messer
- Palette
- Aluminiumfolie
- Bratentopf mit Deckel
- Schüsseln
- Schneidbrett

Zutaten

- Kaninchen
- herbes de Provence
- Hühnerfond
- Mehl
- Eiertomaten
- Schalotten
- trockener Weißwein
- frischer Thymian
- Olivenöl

Hier erhält Kaninchenfleisch sein Aroma von einer Marinade aus Weißwein, Olivenöl und herbes de Provence *– einer Mischung aus Thymian, Bohnenkraut und einem Küchenkraut mit Anisaroma, wie etwa Fenchel, die zusätzlich auch Rosmarin, Salbei und Lorbeerblatt enthalten kann.*

Im Voraus

Kaninchen und Tomaten können 2 Tage im Voraus zubereitet und zugedeckt kühl aufbewahrt werden. Vor dem Servieren 20 Minuten bei 180 °C (Gas Stufe 2–3) im Backofen erwärmen.

▶ **PROFI-TIPP** herbes de Provence *sind heutzutage problemlos in den meisten Lebensmittelgeschäften erhältlich.*

Was Sie brauchen

1 Kaninchen, etwa 1,4 kg
2 Schalotten
¼ l Weißwein
4 EL Olivenöl
2 EL *herbes de Provence*
1 EL Mehl
¼ l Hühnerfond (siehe Kasten S. 155)
5–7 Stängel frischer Thymian
Für die gebackenen Tomaten
1 EL Olivenöl, mehr für den Grillrost
6 Eiertomaten, insgesamt etwa 500 g
Salz, Pfeffer

Arbeitsfolge

1 Das Kaninchen vorbereiten und marinieren

2 Die Tomaten vorbereiten und backen

3 Das Kaninchen garen

Provenzalisches Kaninchen

1 Das Kaninchen vorbereiten und marinieren

1 Die Vorder- und Hinterläufe nach außen biegen und mit dem Ausbeinmesser am Gelenk abtrennen. Den Rücken mit dem Küchenbeil quer in 4 Stücke zerteilen.

Der Kaninchenrücken lässt sich am besten mit dem Küchenbeil in Stücke teilen.

Die Kaninchenstücke sollten etwa gleich groß sein.

2 Die Schalotten abziehen und hacken (siehe Kasten rechts). Den Weißwein, die Hälfte des Öls, die Schalotten und die *herbes de Provence* in die flache Schale geben und vermischen.

3 Das Kaninchen zugeben; in der Marinade wenden, bis es damit überzogen ist. Zugedeckt im Kühlschrank 2–3 Stunden marinieren lassen. Inzwischen die Tomaten vorbereiten und backen.

Die Kaninchenstücke während des Marinierens mehrmals wenden.

Wie man Schalotten hackt

Für die meisten Gerichte genügt es, wenn man die Schalotten in Abständen von etwa 3 mm einschneidet. Für feine Würfel sehr dünn einschneiden.

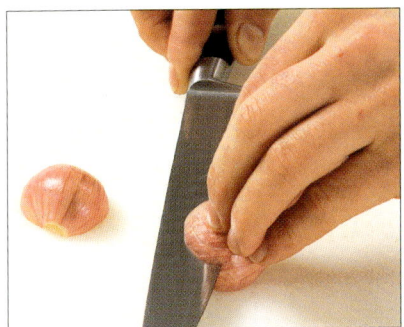

1 Die äußere papierartige Hülle abziehen. Gegebenenfalls die einzelnen Zehen an den Wurzeln voneinander trennen; die Haut abziehen. Mit der flachen Seite nach unten auf ein Schneidbrett legen. Festhalten und zum Wurzelansatz hin mehrmals waagrecht einschneiden, aber nicht vollständig durchtrennen.

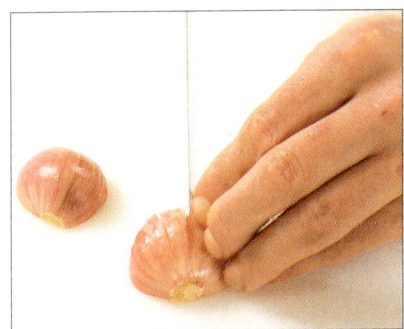

2 Die Schalotte mehrmals senkrecht einschneiden, dabei ebenfalls nicht vollständig durchtrennen.

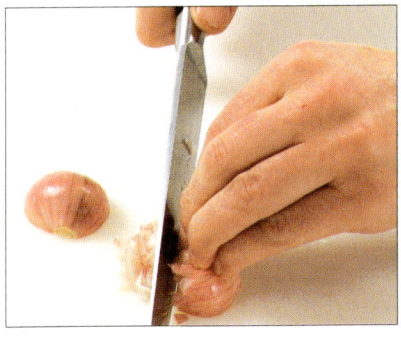

3 Die Schalotte quer würfeln. Nach Bedarf so lange weiterhacken, bis die Würfel sehr klein sind.

2 Die Tomaten vorbereiten und backen

1 Den Backofen auf 130 °C (Gas Stufe 1/2) vorheizen. Einen Grillrost mit Öl bestreichen. Den Stielansatz der Tomaten herausschneiden und jede Tomate längs in 3 Scheiben schneiden.

2 Die Tomaten in eine Schüssel geben; Olivenöl, Salz und Pfeffer zugeben und alle Zutaten gut vermischen.

3 Die Tomatenscheiben nebeneinander auf den Grillrost legen. Im vorgeheizten Backofen 2–2 1/2 Stunden backen, bis die meiste Flüssigkeit der Tomaten verdampft ist und das Gemüse leicht eingetrocknet aussieht. Auf einen Teller legen und mit Aluminiumfolie zudecken. Die Backofentemperatur auf 190 °C (Gas Stufe 3) erhöhen.

Die Tomaten sehen nach dem Backen leicht eingetrocknet aus.

Die Tomatenscheiben mit der Palette auf den Teller heben.

3 Das Kaninchen garen

1 Das Kaninchen aus der Marinade nehmen und auf eine große Platte legen. Die Marinade zurückbehalten. Das Kaninchen mit Salz und Pfeffer würzen.

2 Die Hälfte des restlichen Öls in den Bratentopf geben und erhitzen. Die Hälfte der Kaninchenstücke zufügen und bei mittlerer Hitze etwa 5 Minuten braten, bis sie gebräunt sind. Die Stücke mit der Fleischgabel wenden und die andere Seite ebenfalls bräunen. Auf die Platte zurücklegen. Das restliche Öl in den Bratentopf geben und die übrigen Kaninchenstücke auf dieselbe Weise bräunen.

Der Bratensaft ergibt eine aromatische Sauce.

Das Kaninchenfleisch ist mit *herbes de Provence* gewürzt.

3 Alle Kaninchenstücke in den Bratentopf geben und mit dem Mehl bestreuen. Die Stücke wenden und bei mittlerer Hitze 2–3 Minuten garen, bis das Mehl aufgesaugt ist.

Das Kaninchen schmort in der Mischung aus Marinade und Hühnerfond.

4 Die zurückbehaltene Marinade und den Hühnerfond zugießen und alle Zutaten gut mischen. Das Kaninchen bei geschlossenem Topf 50–55 Minuten schmoren, bis das Fleisch sehr zart ist. Nach Belieben während der letzten 10 Minuten die Tomaten ebenfalls in den Ofen stellen und separat erwärmen. Von der Hälfte der Thymianstängel die Blätter streifen.

▶ **SERVIER-TIPP** *Je eine Kaninchenkeule und ein Stück Kaninchenrücken auf 4 vorgewärmte Teller legen. Die Sauce darüber geben und die gebackenen Tomaten neben dem Kaninchen anordnen. Mit den Thymianblättern und Thymianstängeln garnieren.*

Die *herbes de Provence* verleihen dem Fleisch und der Sauce eine besondere Note.

Die Tomaten sind durch das langsame Backen zart und aromatisch.

Huhn mit herbes de Provence *und Knoblauchkartoffeln*

Bei dieser Variante werden die Kaninchenstücke durch Hühnerfleisch ersetzt und zusammen mit gebackenen Knoblauchkartoffeln serviert.

1 Das Kaninchen und die Tomaten weglassen. Von 4 Knoblauchzehen die Haut abziehen und die Zehen fein hacken. Die Marinade wie beschrieben herstellen, dabei die Hälfte des gehackten Knoblauchs zugeben. 1 Huhn (Gewicht etwa 1,8 kg) in 8 Teile zerlegen und wie beschrieben marinieren.

2 Inzwischen die Kartoffeln vorbereiten: 750 g Kartoffeln unter fließend kaltem Wasser abbürsten, die Schale lassen. Jede Kartoffel der Länge nach in 5 mm dünne Scheiben schneiden und in eine Schüssel geben; den restlichen Knoblauch, 2 EL Olivenöl, Salz und Pfeffer zufügen. Die Zutaten gründlich vermischen, dann die Kartoffelscheiben flach auf ein Backblech legen.

3 Den Backofen auf 190 °C (Gas Stufe 3) vorheizen. Das Huhn wie im Hauptrezept beschrieben bräunen und schmoren, dabei dieselben Garzeiten zugrunde legen. Inzwischen die Kartoffeln auf dem Blech im unteren Ofendrittel etwa 20 Minuten backen, bis sie goldgelb werden. Wenden und weitere 20 Minuten backen, bis die Kartoffelscheiben gut gebräunt und knusprig sind.

Hasenrücken mit Mousse

4 Portionen · **Arbeitszeit 1 Stunde** · **Brat- und Kochzeit 2¼ Stunden**

1 Die Hasenrücken waschen, trocknen und häuten. Mit einem Messer das Fleisch beiderseits vom Rückgrat lösen und mit den Fingern nach außen drücken, jedoch nicht von den Rippen abheben.

2 Mit einer Geflügelschere die Rippen vom Rückgrat schneiden. Die kleinen Filets auf der Unterseite auslösen.

3 Für die Sauce die Lauchstange vom Grün befreien, waschen, putzen und würfeln. Die Möhre und den Sellerie schälen, putzen, waschen und fein hacken. Die Zwiebel und die Knoblauchzehe abziehen; die Zwiebel fein hacken. Die Wacholderbeeren mit einer Gabel zerdrücken.

4 In einer Pfanne 2 EL Öl erhitzen. Die ausgelösten Filets und das Rückgrat darin 2 Minuten anbraten. Anschließend Lauch, Möhre, Sellerie und Zwiebel zugeben. 2 Minuten anbraten.

5 ⅛ l Wein zugießen; den Bratensatz ablösen. Alles in einen Topf geben. Die Wacholderbeeren und den Knoblauch zugeben, das Wasser zugießen. Zudecken und 2 Stunden köcheln lassen.

6 In der Zwischenzeit für die Füllung die Champignonhüte mit Küchenpapier säubern, die Stiele kürzen.

Für die Füllung muss der Hasenrücken sorgfältig vorbereitet werden. Sie können ihn sich beim Fleischer auch küchenfertig zuschneiden lassen. Der Hase sollte frisch und nicht gespickt sein.

Was Sie brauchen
2 Hasenrücken
4 EL Olivenöl
Für die Füllung
500 g Champignons
125 g Schlagsahne
Salz
schwarzer Pfeffer aus der Mühle
Für die Sauce
1 kleine Stange Lauch
1 kleine Möhre
1 Stück Knollensellerie, etwa 100 g
1 kleine Zwiebel
1 kleine Knoblauchzehe
5 Wacholderbeeren
¼ l trockener Rotwein
200 ml Wasser
125 g Schlagsahne
Pfeffer

Im Mixer oder mit dem Mixstab pürieren. In eine feuerfeste flache Form füllen und im Backofen bei 200 °C (Gas Stufe 3–4) 60 Minuten trocknen lassen. Alle 10 Minuten umrühren. Die Sahne untermischen. Salzen und pfeffern, dann warm stellen.

7 Die Sauce durch ein Sieb streichen und ⅛ l Wein zugießen. Bei geringer Hitze bis auf etwa 150 ml langsam einkochen lassen.

8 Inzwischen die Rippenstücke pfeffern. In einem schweren Topf 2 EL Öl erhitzen. Das Fleisch darin 2 Minuten anbraten. Von der Kochstelle nehmen, mit Aluminiumfolie bedecken und im vorgeheizten Backofen bei 200 °C (Gas Stufe 3–4) 10 Minuten braten. Die Sahne in die Sauce gießen; etwas einkochen lassen. Salzen und pfeffern.

9 Die Rippenstücke aus dem Topf nehmen. Die Filets auslösen und in dünne Scheiben schneiden. Das Knochengerüst mit der Füllung bestreichen und die Scheiben darauf legen. Andrücken, salzen. Die Sauce dazureichen.

▶ **PROFI-TIPP** *Die Hasenfilets sollten innen noch etwas rosa sein.*

▶ **SERVIER-TIPP** *Dazu passen ein Kartoffelgratin ohne Käse, mit Preiselbeeren gefüllte Bratäpfel und ein trockener Rotwein, z. B. ein Burgunder.*

Hasenfilet mit Orangensauce

Zu dem Gericht passen Kartoffeln und Möhren.

1 Einen Hasenrücken von etwa 600 g waschen und trockentupfen. Die Filets mit einem Messer von den Knochen lösen. Eine unbehandelte Orange waschen und trockentupfen; die Hälfte der Schale abreiben und den Saft auspressen.

2 In einer Schüssel 1 EL Öl mit 1 TL gemahlenem Koriander und 1 EL Orangensaft verrühren. Die Filets hineingeben, zudecken und über Nacht in den Kühlschrank stellen.

3 Die Filets herausnehmen, die dünnen Enden nach unten einschlagen. In einer Pfanne 2 EL Öl erhitzen und die Filets von beiden Seiten jeweils 5 Minuten braten. Salzen und pfeffern. Herausnehmen und warm stellen.

4 100 g Crème fraîche in die Pfanne geben und einkochen lassen. Mit dem restlichen Orangensaft, der Orangenschale, Salz und Pfeffer würzen. Die Sauce zu den Filets servieren.

Cassoulet mit Ente und Lamm

8 Portionen · **Arbeitszeit 50–55 Minuten*** · **Kochzeit 1¾–2¼ Stunden**

Geräte

- großer Bratentopf mit Deckel
- Durchschlag
- Klarsichtfolie
- Küchenpapier
- Fleischgabel
- Glas- oder Keramikschüsseln
- Kochmesser
- Ausbeinmesser
- Schaumlöffel
- kleines Messer
- großer Metalllöffel
- Holzlöffel
- Kunststoffbeutel
- Metallspieß
- Töpfe
- Teigrolle
- Geflügelschere

- Schneidbrett

Cassoulet, der berühmte Eintopf, stammt aus dem mediterranen Süden Frankreichs, dem Languedoc. Als Zutaten werden in der Regel Bohnen, eingemachtes Enten- oder Gänsefleisch (confit) und verschiedene Fleisch- und Wurstsorten verwendet.

* plus 8–12 Stunden zum Marinieren

Was Sie brauchen

250 g durchwachsener Speck
750 g Lammschulter ohne Knochen
4 Knoblauchzehen
1 kg Tomaten
375 g Zwiebeln
375 g Schweinswürste
175 ml trockener Weißwein
1½ l Kalbsfond
1 Bouquet garni aus 5–6 Stängeln Petersilie, 2–3 Stängeln frischem Thymian und 1 Lorbeerblatt
1 EL Tomatenmark
375 g helle Knoblauchwürste
4 Dosen weiße Bohnen, je 400 g
80 g getrocknete Brotkrümel
Salz, Pfeffer
Für das Entenconfit
1 Ente, etwa 1,8 kg
1 TL schwarze Pfefferkörner
3–5 Stängel frischer Thymian
3 Lorbeerblätter
3 EL grobes Salz
1 EL Pflanzenöl
15 g Butter

Zutaten

 Lammschulter

Ente

Tomatenmark  Kalbsfond

trockener Weißwein

 Bouquet garni

Schweinswürste

 helle Knoblauchwürste

 Knoblauch

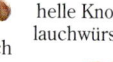 durchwachsener Speck

 Pflanzenöl

Zwiebeln

 Tomaten

Butter

 weiße Bohnen aus der Dose

 frische Kräuter

schwarze Pfefferkörner

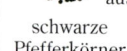 getrocknete Brotkrümel

Arbeitsfolge

1 Die Ente zerlegen

2 Das Entenconfit zubereiten

3 Die restlichen Zutaten vorbereiten

4 Das Entenfleisch und die Würste garen; das Cassoulet fertig stellen

CASSOULET MIT ENTE UND LAMM

1 Die Ente zerlegen

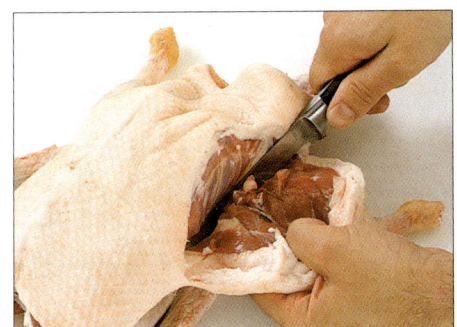

Mit dem Ausbeinmesser lässt sich das Gelenk leicht durchtrennen.

1 Überschüssiges Fett und überschüssige Haut entfernen. Mit dem Ausbeinmesser zwischen einer Keule und dem Rumpf einschneiden. Die Keule kräftig nach außen biegen, damit das Gelenk bricht, und sie dann abtrennen. Mit der zweiten Keule wiederholen.

2 Die Keulen am Gelenk zwischen Ober- und Unterschenkel halbieren, dabei die weiße Fettschicht auf der Unterseite als Anhaltspunkt nehmen.

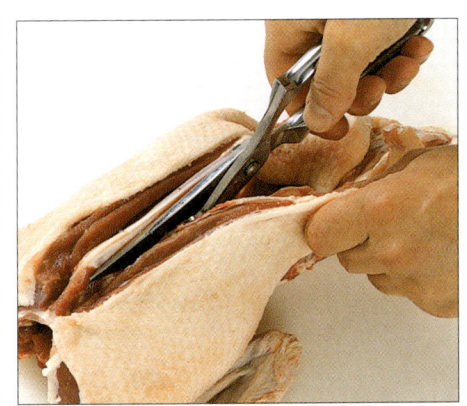

3 Mit dem Kochmesser dicht an beiden Seiten des Brustbeins entlang bis zum Knochen einschneiden. Dann das Brustbein mit der Geflügelschere oder dem Kochmesser längs halbieren.

4 Die Ente umdrehen. Die Rippen mit dem Rückenknochen von der Brust in einem Stück abschneiden, dabei die Flügel an der Brust lassen. Rippen und Rückenknochen wegwerfen.

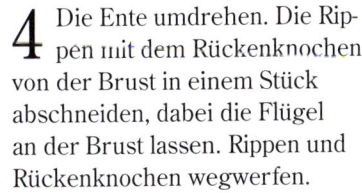

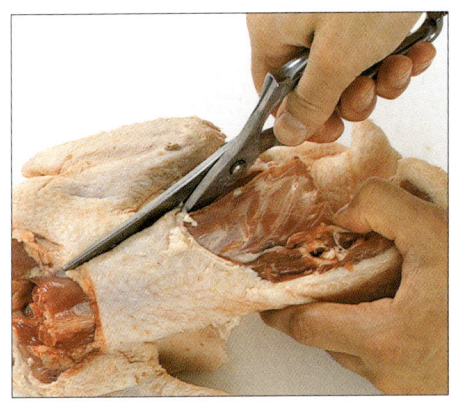

5 Jedes Bruststück schräg halbieren; dabei so durch Brust und Rippen schneiden, dass jeweils eine Portion zusammen mit den Flügeln abgetrennt wird. Überstehende Knochen abschneiden.

▸ **PROFI-TIPP** *Sie können die Ente beim Kauf zerlegen lassen, aber möglicherweise bleibt der Rückenknochen im Fleisch. Teile mit viel Knochen garen ungleichmäßig.*

2 Das Entenconfit zubereiten

Die Entenstücke werden mit dem groben Salz eingerieben.

1 Die Pfefferkörner in den Kunststoffbeutel füllen und mit der Teigrolle zerdrücken. Die Thymianblätter von den Stängeln zupfen. Die Lorbeerblätter mit den Fingern zerdrücken. Pfefferkörner, Thymian und Lorbeerblätter in eine Schüssel geben und mischen.

2 Jedes Entenstück mit etwas grobem Salz einreiben und in die Glas- oder Keramikschüssel legen; mit der Pfeffermischung bestreuen. Mit Klarsichtfolie zudecken und im Kühlschrank 8–12 Stunden marinieren lassen.

3 Die Entenstücke mit kaltem Wasser abspülen, dann mit Küchenpapier abreiben. Öl und Butter im Bratentopf erhitzen. Die Entenstücke mit der Hautseite nach unten zugeben und bei niedriger Hitze 20–25 Minuten gut braun werden lassen, bis das Fett vollständig ausgetreten ist. Mit der Fleischgabel wenden und die Entenstücke auf der anderen Seite etwa 5 Minuten bräunen. Herausnehmen und beiseite stellen.

4 Bis auf 2 EL das gesamte ausgetretene Fett aus dem Bratentopf entfernen; es wird nicht mehr benötigt. Den Bratentopf beiseite stellen. Inzwischen die übrigen Zutaten vorbereiten.

3 Die restlichen Zutaten vorbereiten

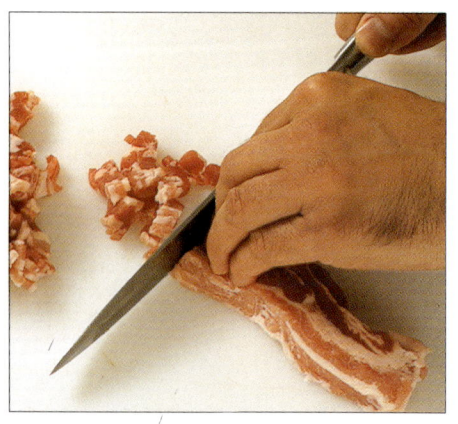

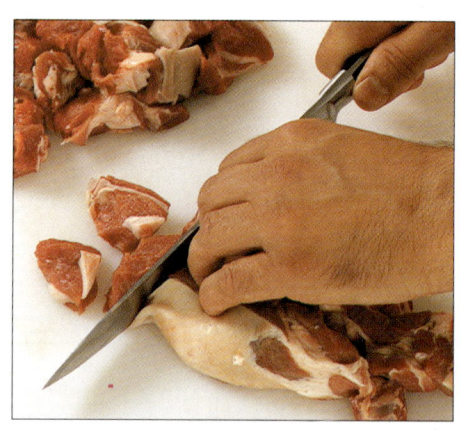

1 Die Speckscheiben auf dem Schneidbrett aufeinander legen. Mit dem Kochmesser quer in Streifen schneiden.

2 Von der Lammschulter gegebenenfalls überschüssiges Fett und Sehnen entfernen; dann das Fleisch in 5 cm große Würfel schneiden.

CASSOULET MIT ENTE UND LAMM

3 Das Kochmesser flach auf jede Knoblauchzehe legen und mit der Faust auf die Klinge schlagen. Die Haut abziehen, den Knoblauch fein hacken.

4 Fruchtansatz der Tomaten herausschneiden. Die Tomaten unten kreuzweise einritzen. 8–15 Sekunden in kochendes Wasser tauchen, bis die Haut platzt. In kaltem Wasser abkühlen lassen; abziehen.

5 Die Tomaten quer halbieren, die Kerne herausdrücken und jede Hälfte grob hacken. Die Zwiebeln abziehen und grob hacken (siehe Kasten unten).

WIE MAN EINE ZWIEBEL HACKT

Mit dieser Methode hacken Sie Zwiebeln schnell und vermeiden Reizungen der Augen. Wie groß die Zwiebelwürfel werden, hängt davon ab, in wie dicke Scheiben man die Zwiebel schneidet. Für normal große Würfel sollten die Scheiben etwa 5 mm dick sein, für feine Würfel so dünn wie möglich.

1 Die Zwiebel abziehen, den Stängelansatz abschneiden, den Wurzelansatz lassen.

2 Längs durch Stängel und Wurzel teilen. Die Hälften mit der Schnittfläche nach unten auf ein Schneidbrett legen.

3 Die Zwiebelhälften mit einer Hand festhalten. Mehrmals in Richtung Wurzel waagrecht ein-, aber nicht ganz durchschneiden.

4 Nun mehrmals in Richtung Wurzel senkrecht ein-, aber ebenfalls nicht ganz durchschneiden.

▶ **PROFI-TIPP** *Beim Schneiden die Fingerspitzen krümmen und die Knöchel als Führung für die Messerklinge benutzen.*

5 Die Zwiebelhälften nun mit senkrechten Schnitten würfeln. Gegebenenfalls die Zwiebeln weiter hacken, bis sie so fein wie gewünscht sind.

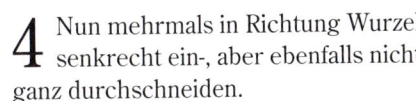
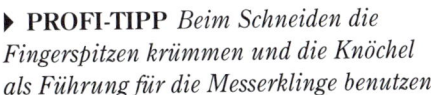

Die Knöchel führen das Messer beim Zwiebelschneiden.

4 Das Entenfleisch und die Würste garen; das Cassoulet fertig stellen

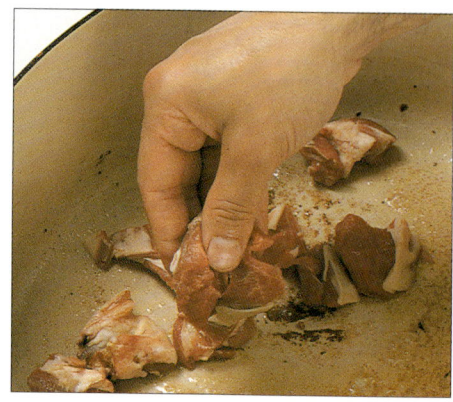

1 Den Backofen auf 190 °C (Gas Stufe 3) vorheizen. Den Bratentopf mit dem zurückbehaltenen Entenfett erhitzen, den Speck zugeben und unter Rühren 3–5 Minuten braten, bis das Speckfett ausgetreten ist. Den Speck mit dem Schaumlöffel in eine Schüssel geben.

2 Das Lamm mit Salz und Pfeffer würzen. In mehreren Portionen in den Bratentopf geben und bei großer Hitze 3–5 Minuten braten, bis das Fleisch gleichmäßig gebräunt ist. Dabei umrühren. Das Lammfleisch mit dem Schaumlöffel zum Speck in die Schüssel geben.

3 Die Schweinswürste in den Bratentopf geben und rundum braun anbraten. Auf einen Teller legen. Bis auf 2 EL das gesamte Fett aus dem Bratentopf entfernen. Die Zwiebeln zufügen und 3–5 Minuten anbraten, bis sie weich sind.

4 Lamm, Speck und Entenconfit zurück in den Bratentopf geben. Tomaten, Weißwein und zwei Drittel des Kalbsfonds zufügen und gut umrühren, damit sich der Bratensatz vom Topfboden löst.

5 Knoblauch, Bouquet garni, Tomatenmark, Salz und Pfeffer unterrühren. Auf dem Herd zum Kochen bringen, dabei gelegentlich Schaum abschöpfen. Den Topf zudecken und das Cassoulet im vorgeheizten Ofen 1–1 1/4 Stunden garen, bis das Fleisch beinahe zart ist.

▶ **PROFI-TIPP** *Sollte das Fleisch beim Garen trocken erscheinen, können Sie mehr Kalbsfond oder Wasser zugießen.*

6 Inzwischen die Knoblauchwürste in einen Topf geben und mit Wasser bedecken. Gerade zum Kochen bringen; dann 20–25 Minuten köcheln lassen, bis sich der in eine Wurst eingestochene Metallspieß heiß anfühlt. Die Würste nicht kochen, da sie sonst platzen.

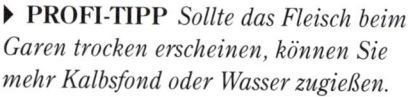

7 Die Würste abgießen und abkühlen lassen. Mit dem kleinen Messer die Wursthaut einritzen; die Haut abziehen und die Würste schräg in 2 cm breite Scheiben schneiden.

Cassoulet mit Ente und Lamm

9 Bohnen, Knoblauch- und Schweinswürste in den Bratentopf geben. Gut vermischen, dann auf dem Herd gerade zum Kochen bringen. Das Cassoulet sollte sehr feucht, aber nicht dünnflüssig sein. Gegebenenfalls mehr Kalbsfond oder Wasser zugießen. Das Bouquet garni entfernen; abschmecken.

8 Die Bohnen im Durchschlag abgießen. Mit kaltem Wasser abspülen und gründlich abtropfen lassen.

10 Das Cassoulet mit den Brotkrümeln bestreuen; zurück in den Ofen stellen. 20–25 Minuten offen backen, bis sich an der Oberfläche eine goldgelbe Kruste bildet und das Lammfleisch zart ist.

▶ **PROFI-TIPP** *Nach Belieben können Sie das Cassoulet 2–3 Minuten unter den Grill stellen, damit die Brotkrümel noch mehr gebräunt werden.*

▶ **SERVIER-TIPP** *Das Cassoulet direkt aus dem Bratentopf servieren; dabei darauf achten, dass jeder Gast eine Kombination aller Zutaten erhält. Nach Belieben mit gehackter Petersilie bestreuen.*

Das Gericht wird mit gehackter Petersilie garniert.

Bauern-Cassoulet

Bei dieser Variante werden Ente und Lamm durch Schweinefleisch ersetzt – Sie sparen nicht nur Zeit, Sie entlasten auch Ihren Geldbeutel.

1 Die Ente und das Lammfleisch weglassen. 750 g Schweineschulter ohne Knochen wie für das Lammfleisch beschrieben würfeln. Speck, Knoblauch, Tomaten und Zwiebeln wie beschrieben vorbereiten.

2 Speck und Schweinefleisch wie beschrieben anbraten. Beide Wurstsorten garen, zusammen mit den Bohnen zum Cassoulet geben und das Gericht wie beschrieben fertig stellen. Das Bouquet garni entfernen und das Gericht abschmecken. Das Cassoulet in 8 hitzebeständige Auflaufförmchen verteilen, mit Brotkrümeln bestreuen und 15–20 Minuten backen. Nach Belieben mit gehackter Petersilie bestreuen und heiß in den Förmchen servieren.

— IM VORAUS —

Das Cassoulet kann bis zu 2 Tage im Voraus zubereitet werden; das Aroma wird dann intensiver. Zugedeckt im Kühlschrank aufbewahren und auf dem Herd erwärmen, dabei gegebenenfalls mit etwas Wasser verdünnen.

Kaninchen auf Zigeunerart

6 Portionen · Arbeitszeit 40 Minuten · Koch- und Bratzeit etwa 25 Minuten

In Frankreich hat dieses Rezept den Namen Cari de Lapereau à la Bohémienne. Kaninchenfleisch enthält sehr wenig Fett, dafür aber umso mehr Eiweiß. 100 g Fleisch haben nur rund 160 Kalorien. Kaninchen, ob im Ganzen oder in Teile zerlegt, eignet sich hervorragend zum Schmoren. Bei dieser Garmethode trocknet das magere Fleisch nicht aus, sondern bleibt saftig.

Was Sie brauchen

1 Blumenkohl
1 Gurke
2 Zitronen
6 mittelgroße Artischocken
300 g Champignons
4 Tomaten
500 g grüne Bohnen
2 Kaninchen, je 1,5 kg
500 g leicht gesalzener Schweinebauch
50 g Butter
2 TL Safran
2–3 Pimentkörner
1 Lorbeerblatt
2 Gewürznelken
1 l Wasser
2 EL Hühnerbrühpulver
2 EL Mehl
Salz
schwarzer Pfeffer aus der Mühle

1 Den Blumenkohl von den grünen Blättern und vom Strunk befreien. In Röschen teilen und waschen. Die Gurke schälen, halbieren, entkernen und in etwa 4 cm lange Stücke schneiden.

2 Den Saft der Zitronen auspressen. Die Böden der Artischocken ausschneiden, dabei das Heu der Blüte entfernen. Die Böden waschen und mit etwa zwei Dritteln des Zitronensafts beträufeln.

3 Die Hüte der Pilze mit feuchtem Küchenpapier säubern; die Stiele kürzen. Die Hüte mit Zitronensaft einreiben. Die Tomaten waschen und halbieren. Die Bohnen von den Enden befreien und waschen. Die Kaninchen waschen, trockentupfen und in 6 Stücke schneiden.

4 Den Schweinebauch in kleine Würfel schneiden. In einem Topf Wasser zum Kochen bringen und den Schweinebauch darin blanchieren. Abgießen, abtropfen lassen.

5 In einem Schmortopf die Butter erhitzen und den Schweinebauch darin braten. Safran, Piment, Lorbeer und Nelken zufügen. Braten, bis der Schweinebauch goldbraun ist. Die Kaninchenstücke zugeben und von allen Seiten ebenfalls goldbraun braten.

6 Inzwischen das Wasser erhitzen und das Brühpulver darin auflösen. Die Kaninchenstücke salzen und pfeffern.

7 Das Mehl über die Kaninchenstücke streuen und einrühren. 2 Minuten braten. Die Brühe zugießen und aufkochen lassen. Die Blumenkohlröschen, die Artischockenböden, die Champignons und die Bohnen zugeben.

8 Das Gericht 10 Minuten kochen lassen. Das restliche Gemüse zugeben. Nochmals 10 Minuten kochen lassen. Die Kaninchenstücke und das Gemüse auf einer vorgewärmten tiefen Platte verteilen. Warm stellen.

9 Die Sauce bei starker Hitze einkochen lassen, bis sie dickflüssig ist. Abschmecken und bei Bedarf mit Salz und Pfeffer nachwürzen. Über das Fleisch und Gemüse gießen. Sofort servieren.

▸ **PROFI-TIPP** *Sie können statt der frischen Artischocken auch Artischockenböden aus dem Glas nehmen. Die Fleischstücke sollte man nicht mit einer Gabel wenden, da beim Einstechen der Bratensaft austreten würde.*

▸ **SERVIER-TIPP** *Dazu passt ein Rosé, z. B. aus Beaune im Burgund.*

Eintopf mit Lammfleisch

6 Portionen   **Arbeitszeit 45–50 Minuten**   **Kochzeit 2–2¼ Stunden**

Geräte

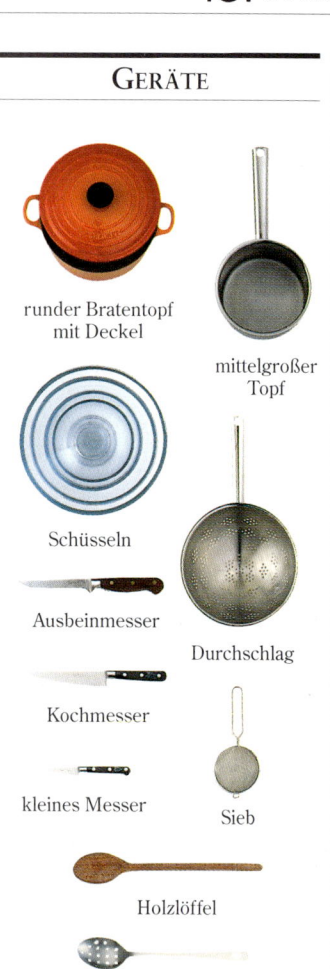

- runder Bratentopf mit Deckel
- mittelgroßer Topf
- Schüsseln
- Ausbeinmesser
- Durchschlag
- Kochmesser
- kleines Messer
- Sieb
- Holzlöffel
- Schaumlöffel
- Gemüseschäler
- Schöpflöffel
- Schneidbrett

Die Aromen von zartem Lammfleisch und jungem Gemüse verschmelzen bei diesem farbenfrohen Eintopf miteinander. Das Geheimnis des Rezepts liegt darin, dass das Fleisch langsam geschmort und das Gemüse nur leicht gekocht wird.

Im Voraus

Der Eintopf kann bis zu 2 Tage im Voraus zubereitet und zugedeckt im Kühlschrank aufbewahrt werden.

Was Sie brauchen

750 g Lammschulter ohne Knochen
2 Knoblauchzehen
500 g Perlzwiebeln
2 EL Pflanzenöl
2 EL Mehl
1 EL Tomatenmark
1 Bouquet garni aus 5–6 Stängeln Petersilie, 2–3 Stängeln frischem Thymian und 1 Lorbeerblatt
½ l Kalbsfond (siehe Kasten S. 155), mehr nach Bedarf
375 g Tomaten
250 g Babymöhren oder mittelgroße Möhren
250 g Kohlrüben
250 g grüne Bohnen
750 g kleine neue Kartoffeln
4–5 Stängel Petersilie
150 g frische oder TK-Erbsen
Salz, Pfeffer

Zutaten

- Pflanzenöl
- Lammschulter ohne Knochen
- Tomaten
- Möhren
- Knoblauch
- Kalbsfond
- Perlzwiebeln
- grüne Bohnen
- Petersilie
- Kohlrüben
- Erbsen
- neue Kartoffeln
- Mehl
- Tomatenmark
- Bouquet garni

Arbeitsfolge

1 Das Lamm vorbereiten und schmoren

2 Das Gemüse vorbereiten

3 Den Eintopf fertig stellen

Eintopf mit Lammfleisch

1 Das Lamm vorbereiten und schmoren

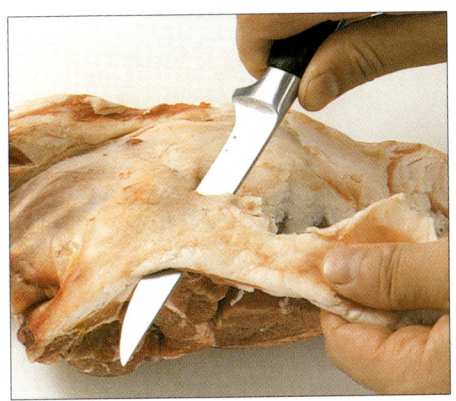

1 Das Lammfleisch von eventuell vorhandenem Fett und Sehnen befreien; in 3–4 cm starke Würfel schneiden.

2 Das Kochmesser flach auf jede Knoblauchzehe legen und mit der Faust auf die Klinge schlagen. Die Haut abziehen und den Knoblauch fein hacken.

Die Perlzwiebeln bleiben nach dem Schälen und Blanchieren fest.

3 Die Perlzwiebeln in eine Schüssel geben, mit heißem Wasser übergießen und 2 Minuten stehen lassen. Die Zwiebeln abgießen, dann abziehen; dabei etwas vom Wurzelansatz lassen, damit sie nicht auseinander fallen. Das Öl im Bratentopf erhitzen. Die Zwiebeln zufügen und unter Rühren 5–7 Minuten braten, bis sie goldbraun sind. Mit dem Schaumlöffel herausnehmen und beiseite stellen.

4 Das Lammfleisch mit Salz und Pfeffer würzen; gegebenenfalls portionsweise in den Bratentopf geben. Bei großer Hitze unter Rühren 3–5 Minuten braten, bis die Fleischwürfel gleichmäßig gebräunt sind. Mit dem Schaumlöffel herausnehmen und in eine Schüssel geben.

5 Das gesamte angebratene Lammfleisch zurück in den Bratentopf geben, mit Mehl bestäuben und alles gut vermischen. Bei mittlerer Hitze 2–3 Minuten braten, bis das Mehl braun wird.

6 Den Topf etwas abkühlen lassen, dann Tomatenmark, Knoblauch und Bouquet garni unterrühren. So viel Kalbsfond zugießen, dass das Fleisch gerade bedeckt ist; umrühren und zum Kochen bringen. Zugedeckt eine Sunde schmoren. Inzwischen das Gemüse vorbereiten.

Eintopf mit Lammfleisch

2 Das Gemüse vorbereiten

1 Den Fruchtansatz der Tomaten herausschneiden. Die Tomaten unten kreuzweise einritzen. Je nach Reifegrad 8–15 Sekunden in kochendes Wasser tauchen, bis die Haut platzt. Mit dem Schaumlöffel sofort in eine Schüssel mit kaltem Wasser geben.

2 Sobald die Tomaten abgekühlt sind, die Haut abziehen. Die Früchte quer halbieren, die Samen herausdrücken und jede Tomatenhälfte grob hacken.

3 Wenn vorhanden, das Grün junger Möhren so abschneiden, dass noch etwa 1–2 cm stehen bleiben; dann das Gemüse putzen. Mittelgroße Möhren schälen und der Länge nach vierteln.

Junge Möhren sehen attraktiv aus, wenn man etwas Grün stehen lässt.

4 Die Kohlrüben mit dem Gemüseschäler schälen. Die Rüben je nach Größe vierteln oder in 6–8 Stücke schneiden. Die Schnittkanten mit dem kleinen Messer abrunden.

Damit die Bohnen hübsch aussehen, werden sie schräg geschnitten.

5 Die Enden der Bohnen entfernen, dann das Gemüse in etwa 2,5 cm lange Stücke schneiden.

6 Die Kartoffeln schälen und in eine Schüssel mit kaltem Wasser geben, damit sie sich nicht verfärben.

7 Die Petersilienblätter von den Stängeln zupfen; die Blätter auf das Schneidbrett häufen und fein hacken.

EINTOPF MIT LAMMFLEISCH

3 DEN EINTOPF FERTIG STELLEN

1 Die Fleischwürfel mit dem Schaumlöffel in eine große Schüssel geben; das Fett von der Sauce abschöpfen. Die Sauce durch ein Sieb über das Fleisch gießen, dann Fleisch und Sauce zurück in den Bratentopf geben; abschmecken.

2 Die Kartoffeln abgießen; zusammen mit den Kohlrüben, Perlzwiebeln, Tomaten und Möhren in den Bratentopf geben. So viel Kalbsfond zugießen, dass die Zutaten fast bedeckt sind. Zudecken und 20–25 Minuten köcheln lassen.

3 Bohnen und Erbsen zufügen und weitere 25–30 Minuten köcheln lassen, bis Fleisch und Gemüse weich sind. Abschmecken.

▶ **PROFI-TIPP** *Die Sauce sollte glänzend und relativ dickflüssig sein. Wenn die Sauce zu dünn ist, den Deckel nach dem Zufügen der Erbsen und Bohnen weglassen, damit sie eindickt.*

▶ **SERVIER-TIPP** *Den Eintopf auf vorgewärmte Portionsteller geben und mit der gehackten Petersilie bestreuen.*

Die verschiedenen Gemüsesorten verleihen dem Gericht Farbe.

Das Lammfleisch ist schmackhaft und zart

Lammratatouille

Bei dieser Variante verbinden sich Lammfleisch und Ratatouille zu einem herzhaften Eintopf.

1 Perlzwiebeln, Tomatenmark, Bouquet garni, Möhren, Kohlrüben, grüne Bohnen, Kartoffeln, Petersilie und Erbsen weglassen. Das Fleisch wie beschrieben bräunen, dabei Olivenöl statt dem Pflanzenöl verwenden; den Kalbsfond zugießen und $1 1/4$ Stunden köcheln lassen. Inzwischen das Gemüse vorbereiten.

2 Von einer Aubergine (etwa 500 g) den Stielansatz entfernen, dann das Gemüse längs halbieren. Jede Hälfte längs in 4–5 Streifen und dann quer in gut 2 cm breite Stücke schneiden. In einen Durchschlag geben und mit Salz bestreuen. 30 Minuten ziehen lassen. Inzwischen 3 Knoblauchzehen hacken. 500 g Tomaten enthäuten, entkernen und hacken. Eine rote und eine grüne Paprikaschote putzen und halbieren. Jede Hälfte längs in dünne Streifen schneiden.

3 Eine große Zwiebel abziehen und in dünne Scheiben schneiden. Die Auberginenstücke gründlich abspülen und mit Küchenpapier trockentupfen.

4 In einer Pfanne 3 EL Olivenöl erhitzen. Zwiebeln und Knoblauch zugeben und 3–5 Minuten braten. Die Paprikastreifen zufügen und weitere 2–3 Minuten braten. Die Auberginenstücke sowie Pfeffer und Salz zugeben und weitere 7–10 Minuten braten, bis das Gemüse gerade weich ist; dabei umrühren. Die Tomaten zufügen.

5 Das Gemüse und $1/8$ l Kalbsfond zum Fleisch geben. Zugedeckt 15 Minuten kochen, dann weitere 20 Minuten ohne Deckel kochen, bis Fleisch und Gemüse weich sind und die Sauce ein intensives Aroma hat. Abschmecken und servieren.

Mariniertes Lamm

6 Portionen — **Arbeitszeit 40 Minuten** — **Koch- und Bratzeit 40 Minuten**

Hier wird ein altes Rezept in einer modernen und gesunden Version zubereitet. Lammkoteletts werden zu einem Karree geformt und mit frischem Frühlingsgemüse umlegt. In Frankreich nennt man dieses Gericht Carré d'Agneau Mariné.

WAS SIE BRAUCHEN

1 Knoblauchzehe
4 EL Apfelessig
6 EL brauner Zucker
Salz
schwarzer Pfeffer aus der Mühle
1 EL Aniskörner mit Grün
12 Lammkoteletts
150 g junge Möhren (Karotten) mit Grün
150 g junge weiße Rüben
200 g Zuckererbsen
einige Radieschen
12 Frühlingszwiebeln
2 EL Olivenöl
1 EL Hühnerbrühe

1 Die Knoblauchzehe abziehen und fein hacken. In einem Topf den Apfelessig, den Knoblauch, 3 EL Zucker, Salz und Pfeffer erhitzen. Bei mittlerer Hitze 5 Minuten einkochen lassen. Die Aniskörner zufügen. Zudecken und erkalten lassen.

2 Die Lammkoteletts waschen, trockentupfen und zu einem Karree formen. Eine Platte fetten. Das Karree darauf setzen und mit der Sauce bestreichen, dabei Anis und Knoblauch gleichmäßig verteilen. Die restliche Sauce um das Fleisch gießen.

3 Die Möhren unter fließendem Wasser abbürsten, anschließend das Grün bis auf etwa 8 cm abschneiden.

4 Die weißen Rüben waschen, schälen und in Achtel schneiden.

5 Die Zuckererbsen waschen, von Spitze und Stielansatz befreien und abfädeln. Die Radieschen unter fließendem Wasser abbürsten; ein paar kleine Blätter stehen lassen.

6 Das Gemüse mit Küchenpapier trockentupfen. Die Frühlingszwiebeln bis auf etwa 2 cm vom Grün befreien und abziehen.

7 In einer Pfanne 2 EL Olivenöl und den restlichen braunen Zucker erhitzen. Die weißen Rüben darin 3 Minuten glasieren.

8 Die Frühlingszwiebeln und die Möhren zufügen. Unter mehrmaligem Rühren 5 Minuten braten. Die Zuckererbsen zugeben und weitere 2 Minuten braten.

9 Das Gemüse um das Karree verteilen. Die Brühe zugießen. Die Radieschen herumlegen. Im Backofen bei 220 °C (Gas Stufe 4–5) 30 Minuten braten. Nach der Hälfte der Bratzeit mit der Bratflüssigkeit übergießen.

▶ **PROFI-TIPP** *Wenn Sie das Fleisch rosa bevorzugen, sollten Sie es nach 20 Minuten Bratzeit aus dem Ofen nehmen. Da sich das Fett in Lammfleisch schnell verfestigt, serviert man Lamm immer sehr heiß. Am besten schmeckt Lammfleisch frisch. Tiefgefrorenes Lamm sollten Sie im Kühlschrank auftauen lassen, da es dann weniger Saft verliert und zart bleibt.*

▶ **SERVIER-TIPP** *Dazu passen Baguette und ein trockener roter Bordeaux, z. B. ein Lussac Saint-Émilion.*

Lamm mit Auberginen

Dieser Eintopf, der in Frankreich Agneau aux Aubergines heißt, lässt sich gut aufwärmen. Dazu passt geröstetes Brot.

1 6 große Auberginen waschen, entstielen und im Backofen unter dem Grill braten, bis sich die Schale löst. Abziehen. In einer Pfanne 2 EL Öl erhitzen. Die Auberginen von allen Seiten darin anbraten. Salzen und pfeffern. In einem Sieb abtropfen lassen.

2 1 kg Lammschulter waschen, trockentupfen und in mundgerechte Würfel schneiden. Eine Zwiebel abziehen und fein hacken. 4 große Tomaten mit kochendem Wasser überbrühen, abziehen und würfeln, dabei den Stielansatz entfernen.

3 In einem Schmortopf 2 EL Öl erhitzen und das Fleisch darin anbraten, ohne dass es Farbe annimmt. Die Zwiebel, ein Bouquet garni, Salz und Pfeffer zugeben. Die Auberginen darauf legen und die Tomaten darüber verteilen. Den Saft von 2 Zitronen auspressen und darüber gießen. Das Gericht nochmals salzen und pfeffern.

4 Zudecken und im Backofen bei 180 °C (Gas Stufe 2–3) 1 1/2 Stunden schmoren.

Lammkeule mit Zwiebelgemüse

 8 Portionen  Arbeitszeit 15–20 Minuten   Kochzeit 1¼–2 Stunden

Geräte

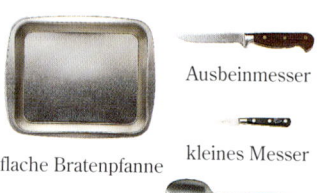

flache Bratenpfanne
Ausbeinmesser
kleines Messer
Metalllöffel
Fleischgabel

Fleischmesser

Metallspieß*

Aluminiumfolie

Holzlöffel

Schaumlöffel

Schneidbrett

*oder Fleischthermometer

Zutaten

Lammkeule

Schalotten   Knoblauch

frischer Thymian   Brunnenkresse

Rinderfond   trockener Weißwein

Olivenöl*

*oder Pflanzenöl

Knoblauch und Schalotten schmecken milder, wenn man sie langsam in der Schale gart. Hier werden sie zusammen mit einer Lammkeule geschmort und dann bei Tisch ausgedrückt. Den Inhalt verteilt man auf dem Fleisch oder auf einem Stück Baguette.

Im Voraus

Dies ist ein einfaches Rezept. Am besten brät man das Lamm und das Gemüse unmittelbar vor dem Servieren.

Was Sie brauchen

1 Lammkeule, gut 2 kg
2 Knoblauchknollen
500 g Schalotten
5–7 Stängel frischer Thymian
2 EL Olivenöl
Salz und Pfeffer
⅛ l Wasser, mehr nach Bedarf
⅛ l trockener Weißwein
¼ l Rinder- oder Kalbsfond (siehe Kasten S. 155)
1 kleines Bund Brunnenkresse zum Garnieren

Arbeitsfolge

1 Die Zutaten vorbereiten

2 Das Fleisch und das Gemüse schmoren; das Gericht fertig stellen

Lammkeule mit Zwiebelgemüse

1 Die Zutaten vorbereiten

1 Den Backofen auf 230 °C (Gas Stufe 5) vorheizen. Mit dem Ausbeinmesser von der Lammkeule das Fett bis auf eine dünne Schicht abschneiden.

▸ **PROFI-TIPP** *Eine dünne Fettschicht gibt dem Lamm Geschmack und hält es beim Braten saftig.*

Das Ausbeinmesser schneidet leicht durch das Fett.

Die Knoblauchzehen von der äußeren papierartigen Hülle befreien.

2 Die Knoblauchzehen voneinander lösen. Dazu mit dem Handballen kräftig auf die Knollen drücken. Die Zehen voneinander trennen; die Wurzelansätze und lose Haut wegwerfen.

Es sieht schöner aus, wenn man die Blattstiele der Schalotten entfernt.

Die Schale schützt die Schalotten während des Garens.

3 Mit dem kleinen Messer von den Schalotten die Blattstiele und die Wurzeln abschneiden.

4 Von der Hälfte der Thymianstängel die Blätter zupfen; die restlichen Stängel zum Garnieren beiseite legen.

LAMMKEULE MIT ZWIEBELGEMÜSE

2 Das Fleisch und das Gemüse schmoren; das Gericht fertig stellen

1. Das Fleisch in die Bratenpfanne legen und das Öl darüber geben. Mit den Thymianblättern bestreuen, salzen und pfeffern. Im vorgeheizten Ofen 10–15 Minuten anbraten.

▶ **PROFI-TIPP** *Das Fleisch mit großer Hitze anbraten, damit sich eine Kruste bildet und der Saft nicht austreten kann.*

2. Die Ofentemperatur auf 180 °C (Gas Stufe 2–3) reduzieren. Die Knoblauchzehen und die Schalotten zusammen mit dem Wasser in die Pfanne geben. Mit dem Bratensaft verrühren.

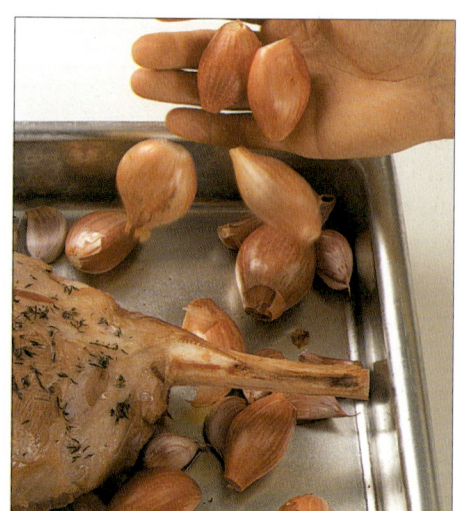

3. Das Lamm je nach gewünschtem Gargrad 1–1 1/4 oder 1 1/4–1 1/2 Stunden (blutig bzw. rosa) garen, dabei oft mit dem Bratensaft übergießen und bei Bedarf noch Wasser zufügen. Zur Garprobe den Metallspieß 30 Sekunden in das Fleisch stechen und wieder herausziehen; wenn das Fleisch blutig ist, fühlt er sich kalt an und ein Fleischthermometer zeigt 50 °C. Wenn das Fleisch rosa ist, fühlt sich der Metallspieß warm an und das Fleischthermometer zeigt 60 °C.

Den Metallspieß in den dicksten Teil der Keule stechen.

▶ **PROFI-TIPP** *Die Knoblauchzehen und die Schalotten sollten zart sein. Zur Garprobe mit dem Metallspieß hineinstechen und bei Bedarf noch 5–10 Minuten länger garen.*

4. Das fertige Fleisch aus der Pfanne nehmen, mit Folie bedecken und warm stellen. Die Knoblauchzehen und die Schalotten herausnehmen und warm stellen. Das Fleisch vor dem Schneiden 10–15 Minuten ruhen lassen.

Der braune Bratensatz vom Boden der Pfanne wird unter die Sauce gerührt.

5. Inzwischen die Sauce zubereiten. Dazu das Fett aus der Pfanne schöpfen. Den Wein hineingießen und zum Kochen bringen, den Bratensatz losrühren. Unter Rühren 3–5 Minuten köcheln lassen. Den Fond einrühren und alles noch 2–3 Minuten köcheln lassen, bis die Sauce Geschmack hat. Abschmecken.

LAMMKEULE MIT ZWIEBELGEMÜSE

6 Das Fleisch schneiden. Dazu die Keule mit der runden Seite nach oben auf das Schneidbrett legen und am Knochen festhalten, dann waagrecht dünne Scheiben abschneiden.

Das Fleisch mit einer sägenden Bewegung in dünnen Scheiben abschneiden.

7 Die Keule umdrehen und von der anderen Seite ebenfalls dünne Scheiben abschneiden. Zuletzt direkt am Knochen Fleischstreifen abschneiden.

▶ **SERVIER-TIPP** *Das Lammfleisch, die Knoblauchzehen und die Schalotten auf einer vorgewärmten Servierplatte anrichten. Das Fleisch mit den beiseite gelegten Thymianstängeln und einem Strauß Brunnenkresse garnieren. Die Sauce getrennt servieren.*

Die Knoblauchzehen und die Schalotten werden bei Tisch aus ihrer Schale gedrückt; den Inhalt verstreicht man auf dem Fleisch oder einem Stück Baguette.

Frischer Thymian ist die passende Garnierung für das Lammfleisch.

Lammkeule mit Kartoffeln

Dieses Gericht heißt in Frankreich Gigot Boulangere, Bäckerlamm. Der Name rührt aus einer Zeit, als noch nicht jeder einen Ofen hatte und man das Gericht beim Bäcker fertig stellen ließ.

1 Schalotten, Wasser, Wein und Kresse weglassen. Das Lamm wie beschrieben zurechtschneiden. 4 Knoblauchzehen abziehen. 2 Zehen fein hacken, 2 Zehen in dünne Scheiben schneiden. Das Fleisch an mehreren Stellen flach einschneiden und mit den Knoblauchscheiben spicken.
2 500 g Zwiebeln abziehen und längs halbieren. Die Hälften flach auflegen und quer in dünne Scheiben schneiden. 1 kg Kartoffeln schälen, in dünne Scheiben schneiden und in eine Schüssel geben. Von den Thymianstängeln die Blätter zupfen und unter die Kartoffeln mischen. Die Kartoffeln mit einem feuchten Tuch bedecken, damit sie sich nicht verfärben.
3 In einer Pfanne 2 EL Öl erhitzen. Zwiebeln und Knoblauch darin in 5–8 Minuten weich braten. Die Kartoffeln mit Muskat, Salz und Pfeffer würzen. Den Backofen auf 230 °C (Gas Stufe 5) vorheizen.
4 Das Lamm wie beschrieben in der Bratenpfanne anbraten. Auf einen Teller legen. Die Kartoffeln auf dem Pfannenboden verteilen. 1/2 l Rinder- oder Kalbsfond, eventuell mehr zugießen, sodass die Kartoffeln bedeckt sind. Das Fleisch darauf legen. Die Ofentemperatur auf 180 °C (Gas Stufe 2–3) reduzieren; das Lamm wie beschrieben schmoren. Gegebenenfalls das Fleisch herausnehmen, warm halten und die Kartoffeln weiter garen, bis sie goldbraun sind.

Potée Champenoise

8–10 Portionen · **Arbeitszeit 30 Minuten** · **Schmorzeit 3 Stunden**

Gerichte wie diesen Eintopf aus der Champagne, der zur Weinernte als Hauptgericht serviert wird, kennt man in vielen Regionen Frankreichs.

Was Sie brauchen

250 g getrocknete Bohnen
500 g Schweinebauch oder durchwachsener gesalzener Speck
750 g Schweineschulter, gesalzen
500 g Rinderhachse
500 g Rinderkeule
1 Suppenhuhn, etwa 1,5 kg
500 g Möhren
500 g weiße Rüben
1 kg Wirsingkohl
1 kg Stangenlauch
8–10 Kartoffeln
500 g würzige Würstchen, z. B. Chorizo
1 Lorbeerblatt
Salz
schwarzer Pfeffer aus der Mühle

1 Am Vortag die getrockneten Bohnen in einen Topf geben und reichlich Wasser zugießen. Über Nacht einweichen lassen.

2 Am nächsten Tag Schweinebauch oder durchwachsenen Speck, Schweineschulter, Rinderhachse und Rinderkeule waschen und jeweils mit Küchengarn umwickeln.

3 In einen großen Topf geben und so viel warmes Wasser darüber gießen, dass das Fleisch gut bedeckt ist. Bei mittlerer Hitze aufkochen und abschäumen.

4 Bei schwacher Hitze köcheln lassen und ständig den Schaum abschöpfen, bis die Flüssigkeit klar ist.

5 Nach einer Stunde Kochzeit das Suppenhuhn waschen und zusammenbinden. Die Möhren schälen, putzen, waschen und längs halbieren. Die Rüben schälen, putzen und waschen. Das Huhn, die Möhren und die Rüben zum Fleisch geben.

6 Nach einer weiteren Stunde Kochzeit Wasser zum Kochen bringen. Den Wirsingkohl von den äußeren Blättern befreien; den Strunk abschneiden. Den Kohl waschen und in Viertel schneiden, dann 3 Minuten blanchieren.

7 Die Lauchstangen vom Grün befreien, waschen und zusammenbinden. Die Kartoffeln unter fließendem Wasser kräftig abbürsten. Die Würstchen in Scheiben schneiden. Die eingeweichten Bohnen abgießen. Wirsing, Lauch, Kartoffeln, Würstchen, Bohnen, Lorbeer, Salz und Pfeffer in den Eintopf geben.

8 Noch eine Stunde köcheln lassen, dabei ständig prüfen, welche Zutaten weich sind. Herausnehmen und warm stellen.

9 Zum Schluss alle Fleischstücke in Scheiben schneiden. In der Mitte einer großen Platte verteilen, mit dem Gemüse umlegen und servieren.

▶ **PROFI-TIPP** *Als Vorspeise wird in der Champagne gern die Brühe serviert. Dazu schöpfen Sie das Fett ab, würzen mit Salz und Pfeffer, geben 8 Brotscheiben in eine Suppenschüssel und gießen die Brühe darüber.*

▶ **SERVIER-TIPP** *Dazu passt ein roter Pinot noir.*

Pfeffersteak

🍽 4 Portionen ⏲ Arbeitszeit 25–30 Minuten* 🍲 Kochzeit 10–15 Minuten

Geräte

- Schaumlöffel
- Kochmesser
- kleines Messer
- Löffel mit langem Griff
- große Bratpfanne
- Fleischgabel
- Gemüseschäler
- Fritteuse*
- Schüsseln
- Durchschlag
- Teigrolle
- Plastikbeutel aus schwerem Material
- flacher Glas- oder Porzellanteller
- Aluminiumfolie
- Küchenpapier
- Schneidbrett

*oder hoher Topf

Für dieses klassische Gericht aus Frankreich werden schwarze Pfefferkörner zerstoßen, damit sie ihr Aroma freigeben, und dann in ein Roastbeef gedrückt, das man anschließend bis zu 6 Stunden mariniert – je länger, desto stärker der Geschmack. Pommes frites sind der klassische Begleiter dieses stark gepfefferten Fleisches und der Sauce.

Im Voraus

6 Stunden im Voraus kann man das Fleisch in die Marinade legen und die Kartoffeln vorfrittieren. Vor dem Servieren das Fleisch braten und die Kartoffeln fertig frittieren.

*plus 2–6 Stunden zum Marinieren

Was Sie brauchen

1 Stück Roastbeef, 5 cm dick, etwa 1 kg
3 EL schwarze Pfefferkörner
1 kg Kartoffeln
1 EL Pflanzenöl, mehr für die Fritteuse
2 EL Butter
Salz
$1/8$ l Weinbrand
125 g Schlagsahne

Zutaten

- Roastbeef
- Weinbrand
- Pflanzenöl
- Schlagsahne
- Butter
- Kartoffeln
- schwarze Pfefferkörner

▶ **PROFI-TIPP** *Wählen Sie für dieses Gericht Ihr Lieblingssteak – klein oder groß, mit oder ohne Knochen, alle schmecken gleich gut, wenn sie auf diese Art zubereitet werden.*

Arbeitsfolge

1 Das Fleisch marinieren

2 Die Kartoffeln vorbereiten und zum ersten Mal frittieren

3 Das Fleisch braten, die Kartoffeln fertig frittieren und die Sauce zubereiten

Pfeffersteak

1 Das Fleisch marinieren

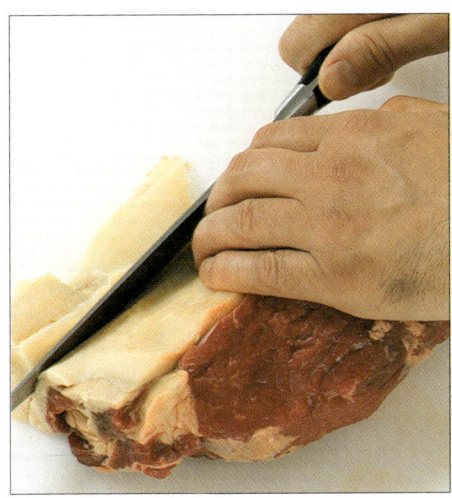

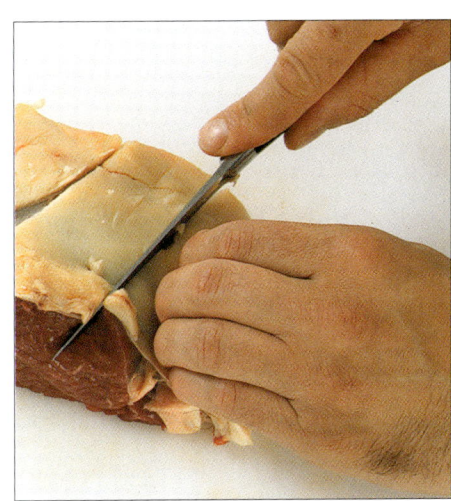

1 Das Fleisch von den Sehnen und bis auf eine dünne Schicht vom Fett befreien; es gibt beim Braten Geschmack.

2 Mit dem kleinen Messer die Fettschicht in Abständen von 4 cm schräg bis auf das Fleisch einschneiden.

▸ **PROFI-TIPP** *Beim schrägen Einschneiden wird das Bindegewebe zwischen dem Fett und dem Fleisch durchtrennt, sodass sich das Fleisch beim Braten nicht wellt.*

Die Pfefferkörner auf beiden Seiten fest andrücken.

Damit sie ihr Aroma freigeben, werden die Pfefferkörner grob zerdrückt.

3 Die Pfefferkörner in den Plastikbeutel geben und mit der Teigrolle zerdrücken.

4 Das Fleisch auf den flachen Teller legen und mit den Händen die zerdrückten Pfefferkörner beidseitig andrücken. Zudecken und im Kühlschrank 2–6 Stunden marinieren. In der Zwischenzeit die Kartoffeln vorbereiten.

2 Die Kartoffeln vorbereiten und zum ersten Mal frittieren

Große, vorwiegend fest kochende Kartoffeln sind gut geeignet für Pommes frites.

1 Die Kartoffeln schälen und erst seitlich gerade, dann senkrecht in 1 cm dicke Scheiben schneiden.

Pfeffersteak

2 Die Kartoffelscheiben übereinander legen und in 1 cm dicke Stäbe schneiden. 30 Minuten in kaltes Wasser legen, um die Stärke zu entfernen.

Das Messer mit den Knöcheln führen.

3 Das Pflanzenöl in der Fritteuse auf 180 °C erhitzen. Um die Öltemperatur ohne Thermometer zu prüfen, ein Stück Brot in das Fett geben; es sollte innerhalb von 60 Sekunden goldbraun sein.

4 Die Kartoffelstäbe aus der Schüssel mit kaltem Wasser nehmen, im Durchschlag abtropfen und auf Küchenpapier trocknen lassen.

Die Kartoffeln vor dem Frittieren trocknen lassen, damit das Öl nicht spritzt.

5 Den leeren Frittierkorb in das heiße Öl tauchen; das verhindert, dass die Kartoffeln am Metall haften. Den Korb herausnehmen, ein Drittel der Kartoffeln einfüllen und vorsichtig eintauchen.

▸ **ACHTUNG!** *Die Kartoffeln langsam in das heiße Öl tauchen.*

6 Die Kartoffeln 7–9 Minuten frittieren, bis sie braun werden und weich sind. Mit dem kleinen Messer die Garprobe machen. Den Korb herausnehmen und die Kartoffeln über der Fritteuse 1–2 Minuten abtropfen lassen. Auf eine große Platte geben. Die restlichen Kartoffeln in 2 Portionen frittieren.

Die Pommes frites werden beim zweiten Frittieren richtig braun.

3 Das Fleisch braten, die Kartoffeln fertig frittieren und die Sauce zubereiten

1 Falls die Kartoffeln im Voraus vorfrittiert wurden und das Öl vollständig abgekühlt ist, das Öl wieder auf 190 °C erhitzen. Um die Öltemperatur zu prüfen, ein Stück Brot in das Fett geben; es sollte innerhalb von 30 Sekunden goldbraun sein.

2 In der großen Bratpfanne 1 EL Pflanzenöl und die Butter erhitzen. Wenn Sie das Fleisch milder wünschen, den Pfeffer abkratzen; für einen stärkeren Geschmack belassen. Das Fleisch salzen, in die Pfanne legen und bei hoher Temperatur 4–6 Minuten braten, bis es braun ist. Falls die Kartoffeln nicht im Voraus vorfrittiert wurden und das Öl noch warm ist, in der Zwischenzeit das Öl wieder auf 190 °C erhitzen.

▶ **ACHTUNG!**
Das Öl in der Fritteuse nicht unbeaufsichtigt lassen.

Das zarte Fleisch ist schnell gar.

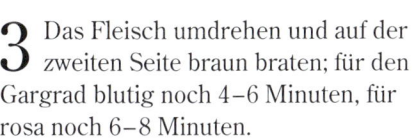

3 Das Fleisch umdrehen und auf der zweiten Seite braun braten; für den Gargrad blutig noch 4–6 Minuten, für rosa noch 6–8 Minuten.

4 Zum Überprüfen des Gargrads mit der Fingerspitze in die Mitte drücken. Fühlt sich das Fleisch elastisch an, ist es blutig; ist Widerstand spürbar, ist es rosa.

5 Das Fleisch aus der Pfanne nehmen und mit Aluminiumfolie bedecken. Das Fett weggießen.

Das Fleisch mit der Fleischgabel aus der Pfanne nehmen.

PFEFFERSTEAK

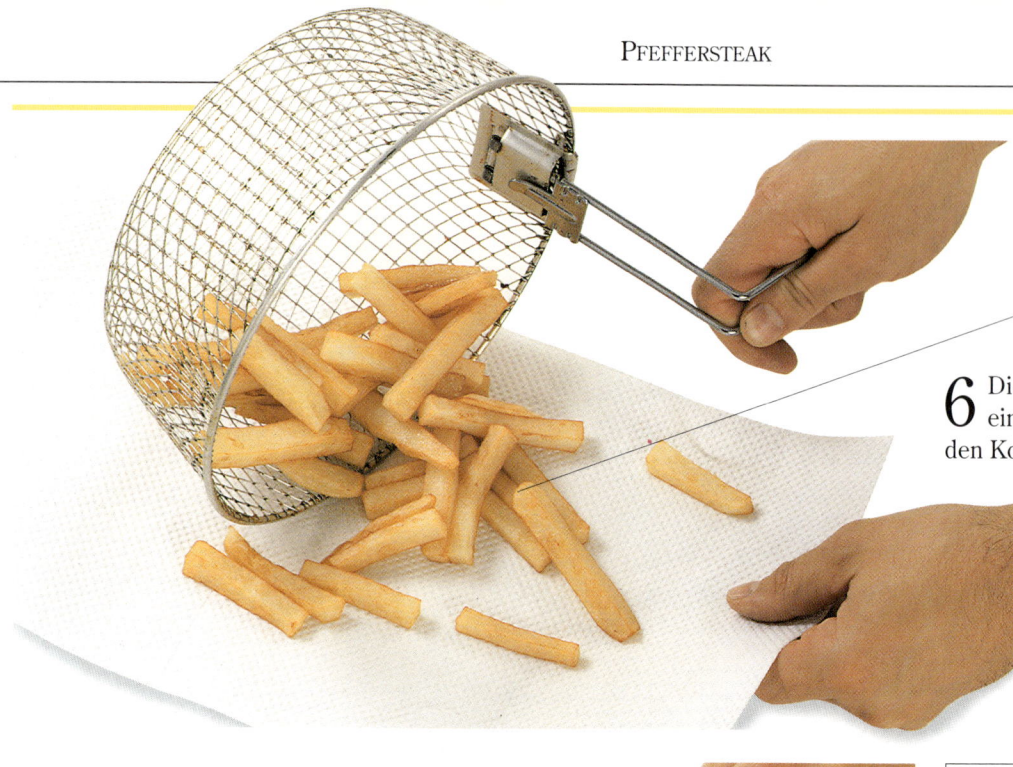

Die Kartoffeln werden portionsweise frittiert, damit nicht zu viele auf einmal im Fett schwimmen.

6 Die Kartoffeln fertig frittieren. Dazu ein Drittel in den Korb geben und den Korb in das heiße Öl tauchen. Die Kartoffeln 1–2 Minuten frittieren, bis sie goldbraun sind. Auf Küchenpapier abtropfen lassen. Mit den restlichen Kartoffeln ebenso verfahren.

7 Das gebratene Fleisch wieder in die Pfanne legen. Den Weinbrand hineingießen und zum Kochen bringen.

Das Fleisch ist von einer knusprigen Pfefferkruste überzogen.

Man bringt den Weinbrand vor dem Flambieren zum Kochen, damit der Geschmack milder wird.

8 Den Alkohol mit einem Streichholz entzünden und das Fleisch 20–30 Sekunden mit dem Bratensaft übergießen, bis die Flammen erlöschen.

▶ **ACHTUNG!** *Die Flammen können recht hoch schlagen. Deshalb Abstand halten und zum Übergießen einen Löffel mit langem Stiel verwenden.*

9 Das Fleisch auf ein Schneidbrett legen und bedecken, damit es warm bleibt. Die Sahne in die Pfanne gießen und köcheln lassen, dabei umrühren, um den Bratensatz zu lösen. Abschmecken.

10 Das Fleisch von verbliebenem Fett befreien, dann schräg in 2,5 cm dicke Scheiben schneiden.

▶ **SERVIER-TIPP** *Die Fleischscheiben auf vorgewärmten Tellern verteilen und die Sauce darüber geben. Die Pommes frites leicht mit Salz bestreuen und neben dem Fleisch anrichten.*

Steak mit Weißwein und Schalotten

Bei dieser Variante des Pfeffersteaks, die in Frankreich Steak au Vin Blanc et Enchalottes heißt, ersetzen Weißwein, Schalotten und Kräuter den Weinbrand und die Sahne.

1 Den Weinbrand und die Schlagsahne weglassen und nur 1 EL Pfefferkörner verwenden. 4 Steaks, jeweils 2 cm dick, zusammen etwa 1 kg, wie beschrieben marinieren.

2 2 Schalotten schälen, dabei den Wurzelansatz belassen. Halbieren. Mit der Schnittseite nach unten auf ein Schneidbrett legen und mehrmals erst waagrecht, dann senkrecht ein-, aber nicht vollständig durchschneiden, sodass die Scheiben am Wurzelansatz verbunden bleiben. Dann mit Querschnitten würfeln.

3 Von jeweils 3–5 Stängeln frischem Estragon, frischem Thymian und frischer Petersilie die Blätter abzupfen, auf das Schneidbrett häufen und mit einem Kochmesser grob hacken.

4 Die Kartoffeln schälen. Erst auf allen Seiten gerade und dann der Länge nach senkrecht in 5 mm dicke Scheiben schneiden. Die Scheiben übereinander legen und längs in 5 mm dicke Stäbe von 5 cm Länge schneiden. Wie beschrieben in Wasser legen und trocknen.

5 Das Öl in der Fritteuse auf 180 °C erhitzen und die Kartoffeln wie beschrieben 4–6 Minuten vorfrittieren. Auf Küchenpapier abtropfen lassen.

6 Das Fleisch salzen und wie beschrieben braten. Dann auf eine Platte geben und zum Warmhalten bedecken.

7 Das Fett bis auf 1 EL aus der Pfanne abgießen, dann die Schalotten hineingeben. Unter Umrühren 2–3 Minuten braten, bis sie weich sind. 1/8 l Weißwein in die Pfanne gießen und in 3–4 Minuten auf die Hälfte einkochen lassen, dabei durch Umrühren den Bratensatz lösen. Das Öl in der Fritteuse wie beschrieben auf 190 °C erhitzen. 1/4 l Rinder- oder Kalbsfond in die Pfanne geben und bei niedriger Temperatur auf die Hälfte einkochen lasen. Die Kartoffeln fertig frittieren.

8 Die Pfanne von der Kochstelle nehmen. Die gehackten Kräuter in die Sauce geben und die Sauce abschmecken. Die Steaks auf Portionsteller legen und jeweils etwas Sauce darüber gießen. Die Pommes frites mit etwas Salz bestreuen und neben den Steaks anrichten.

Die Sahnesauce mildert das Aroma der Pfefferkörner.

Tournedos auf Art des Béarn

4 Portionen • **Arbeitszeit 20 Minuten** • **Bratzeit 4–6 Minuten**

1. Die Filets waschen und trocknen. Pfeffern und allseitig mit Öl bestreichen. Aufeinander legen, zudecken und in den Kühlschrank stellen.

2. In der Zwischenzeit für die Sauce die Schalotte abziehen und fein hacken. Den Estragon waschen, trockentupfen und fein hacken.

3. Den Weinessig, den Weißwein, die Schalotte, den Estragon und Salz in einen Topf geben. Aufkochen, bei mittlerer Hitze auf zwei Drittel einkochen und abkühlen lassen.

4. In einer Schüssel mit einem Schneebesen die Eigelbe schlagen. Unter die Sauce mischen und nochmals kräftig schlagen.

5. Die Sauce in einem warmen Wasserbad unter ständigem Schlagen erwärmen, bis sie cremig ist.

6. Nach und nach die Butter in Flöckchen zugeben, dabei weiterschlagen. Darauf achten, dass die Sauce nicht zu heiß wird, sonst gerinnt sie.

7. Die halbe Zitrone auspressen. Die Sauce mit einigen Tropfen Zitronensaft beträufeln. Mit Salz und Pfeffer würzen.

8. Die Filets aus dem Kühlschrank nehmen. In einer Pfanne das restliche Öl und die Butter erhitzen und die Filets auf jeder Seite 2–3 Minuten braten. Mit Salz bestreuen. Den Kognak zugießen und anzünden.

9. Die Weißbrotscheiben im Backofen rösten oder toasten. Auf eine vorgewärmte Platte legen. Die Filets darauf legen und die Sauce dazu servieren.

Tournedos sind kleine, saftig gebratene Filetschnitten, die zumeist auf gleich großen, in Butter gerösteten Weißbrotscheiben angerichtet und mit verschiedenen Beilagen serviert werden. Das Béarn ist ein historisches Gebiet in Südwestfrankreich.

Was Sie brauchen

4 kleine Filetsteaks (Tournedos)
schwarzer Pfeffer aus der Mühle
2 EL Öl
½ EL Butter
Für die Sauce
1 Schalotte
½ Bund Estragon
4 EL milder Weinessig
4 EL Weißwein
Salz
2–3 Eigelb
100–125 g Butter
½ Zitrone
100 ml Kognak
Weißbrotscheiben

▶ **PROFI-TIPP** *Wenn die Sauce gerinnt, können Sie versuchen, sie zu retten, indem Sie noch ein Eigelb unterschlagen.*

▶ **SERVIER-TIPP** *Dazu passen frische oder getrocknete Bandnudeln und blanchierte Zuckererbsen. Als Getränk können Sie einen Rotwein, z. B. einen Wein aus den benachbarten Regionen Beaujolais, Burgund oder Côtes du Rhône servieren.*

Steak auf Jägerart

Wenn früher die Jäger auf der Jagd waren, brieten sie sich Fleischstücke und sammelten sich dazu als Beilage Pilze. Deshalb nennt man Fleisch mit Pilzen häufig „auf Jägerart".

1 4 dicke Steaks, je etwa 120 g, waschen und trockentupfen. In einer tiefen Pfanne 2 EL Butter und 1/2 EL Öl erhitzen. Die Steaks hineingeben und von beiden Seiten 2–3 Minuten braten. Herausnehmen und warm stellen.
2 4 Schalotten abziehen und fein hacken. Die Hüte von 100 g Champignons mit feuchtem Küchenpapier säubern, die Stiele kürzen. Die Pilze in dünne Scheiben schneiden.
3 1 EL Butter in die Pfanne geben und erhitzen. Die Schalotten und die Champignons hineingeben und braten, bis sie leicht Farbe annehmen. 1/4 l Weißwein zugießen und auf etwa ein Drittel einkochen lassen. 1/4 l Fleischbrühe und 1 TL Tomatenmark zugeben. Einkochen lassen.
4 40 g Butter und 40 g Mehl zu Beurre manié (Mehlbutter) kneten und die Sauce damit binden. Ein Bund Petersilie waschen, trockentupfen und fein hacken.
5 Die Steaks auf eine Platte legen und die Sauce darüber gießen. Mit der Petersilie bestreuen. Mit gerösteten Brotscheiben servieren.

Schweinekoteletts mit Senfsauce

4 Portionen · **Arbeitszeit 20–25 Minuten** · **Kochzeit 50–60 Minuten**

Geräte

- Kochmesser
- Schaumlöffel
- Metalllöffel
- große Bratpfanne mit Deckel
- Schneebesen
- Küchenpapier
- Holzlöffel
- Fleischgabel
- Schüsseln
- Schneidbrett

▶ **PROFI-TIPP** *Die Bratpfanne sollte gerade so groß sein, dass die Koteletts hineinpassen. Wenn die Pfanne zu groß ist, bedeckt das Fett das Fleisch nur ungenügend, sodass es austrocknet und zäh wird.*

Zutaten

 Schweinekoteletts

 Bouquet garni

 Kalbsfond

 durchwachsener Speck

 trockener Weißwein

 Petersilie

 Butter

 Mehl

 Schlagsahne

 Dijonsenf

Dijonsenf war schon im Mittelalter berühmt. Strikte Vorschriften stellen sicher, dass dieser Senf ausschließlich aus gemahlenen schwarzen Senfkörnern, Salz, Gewürzen und Sauermost, Wein oder Essig hergestellt wird. So ist gewährleistet, dass jedes Gericht mit der Bezeichnung Dijonnaise im Namen dieses Prädikat zu Recht trägt.

Im Voraus

Die Schweinekoteletts werden am besten frisch zubereitet.

Was Sie brauchen

4 Schweinekoteletts, jeweils etwa 175 g
125 g durchwachsener Speck in Scheiben
2 EL Butter
1 EL Mehl
¼ l trockener Weißwein
¼ l Kalbsfond (siehe S. 155) oder Wasser, mehr nach Bedarf
1 Bouquet garni (siehe Kasten S. 114)
5–7 Stängel Petersilie
4 EL Schlagsahne
1 EL Dijonsenf, mehr nach Geschmack
Salz und Pfeffer

Arbeitsfolge

1 Die Koteletts vorbereiten und die Sauce zubereiten

2 Das Gericht fertig stellen

Schweinekoteletts mit Senfsauce

1 Die Koteletts vorbereiten und die Sauce zubereiten

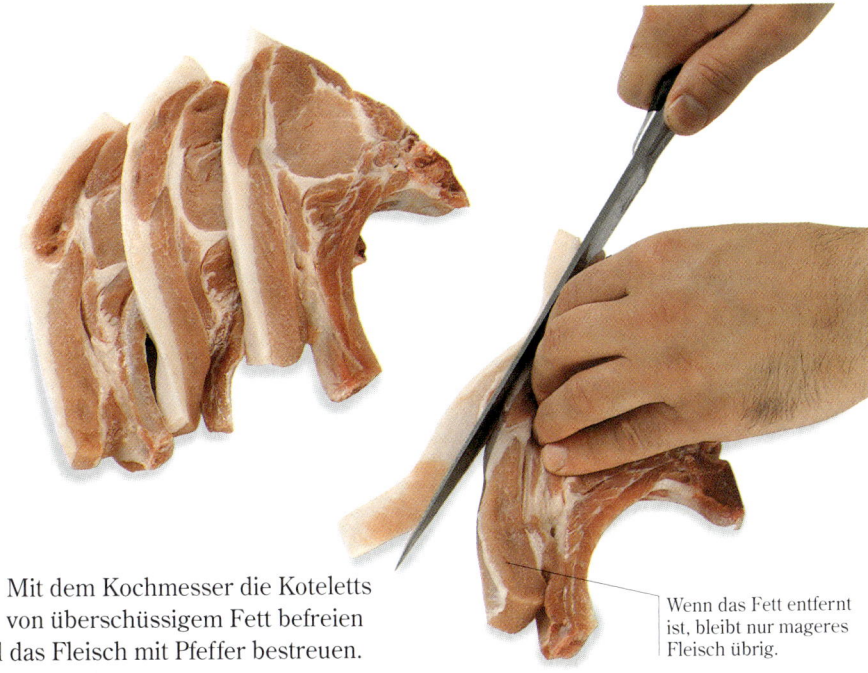

1 Mit dem Kochmesser die Koteletts von überschüssigem Fett befreien und das Fleisch mit Pfeffer bestreuen.

Wenn das Fett entfernt ist, bleibt nur mageres Fleisch übrig.

2 Die Speckscheiben auf dem Schneidbrett übereinander legen und quer in Streifen schneiden.

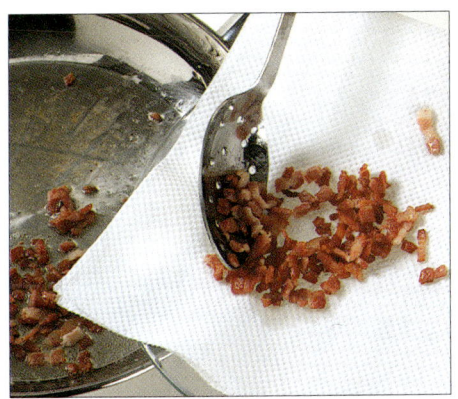

3 Den Speck in der Bratpfanne erhitzen und unter gelegentlichem Umrühren 3–5 Minuten braten, bis er kross und das Fett ausgelassen ist. Mit dem Schaumlöffel aus der Pfanne heben und auf Küchenpapier abtropfen lassen.

4 Bis auf 1 EL alles Fett in der Pfanne weggießen. Die Butter zusammen mit dem restlichen Fett erhitzen, bis sie schäumt.

Mit der Fleischgabel lassen sich die Koteletts gut umdrehen.

Die Koteletts sollten gut gebräunt sein.

5 Die Schweinekoteletts in die Pfanne geben und bei mittlerer Hitze etwa 5 Minuten braten, bis sie gut gebräunt sind. Mit der Fleischgabel umdrehen und auf der anderen Seite braten. Aus der Pfanne nehmen und beiseite stellen.

6 Die Pfanne von der Kochstelle nehmen und leicht abkühlen lassen, dann das Mehl hineingeben und unter Rühren 2–3 Minuten kochen.

Das Mehl wird gekocht, bis die Flüssigkeit Blasen wirft.

WIE MAN EIN BOUQUET GARNI BINDET

Dieses Sträußchen aus aromatischen Kräutern kann am Ende der Kochzeit leicht wieder aus dem Topf genommen werden. Um ein Bouquet garni zu binden, 2–3 Stängel frischen Thymian, ein Lorbeerblatt und 5–6 Stängel Petersilie in die Hand nehmen. Ein Stück weißen Faden oder Küchengarn um die Stiele wickeln und fest verknoten.

Beim Kochen nur weißen, unbehandelten Faden verwenden.

Das frische Aroma der Kräuter geht auf die anderen Zutaten über.

7 Mit dem Schneebesen den Weißwein und den Kalbsfond oder das Wasser einrühren, dann das Bouquet garni und Pfeffer zufügen. Zum Kochen bringen.

▶ **PROFI-TIPP** *Damit die Sauce glatt wird, sollte man beim Zufügen der Flüssigkeiten ununterbrochen rühren.*

8 Die Koteletts und den Speck wieder in die Pfanne geben. Zudecken und unter gelegentlichem Umrühren 40–50 Minuten köcheln lassen, bis das Fleisch weich ist. Mit der Fleischgabel die Garprobe machen.

Der klein geschnittene Speck wird auf den Koteletts verteilt.

9 In der Zwischenzeit die Blätter von den Petersilienstängeln zupfen und auf das Schneidbrett häufen. Mit dem Kochmesser fein hacken.

2 Das Gericht fertig stellen

1 Die Koteletts auf eine Platte legen und warm halten. Die Sahne in die Pfanne gießen und gerade zum Kochen bringen. Die Pfanne von der Kochstelle nehmen.

Die Sahne macht die Sauce mild im Geschmack und habhaft.

2 Das Bouquet garni aus der Pfanne nehmen und wegwerfen. Mit dem Schneebesen den Senf einrühren. Die Koteletts wieder in die Pfanne legen und alles 2–3 Minuten erhitzen, sodass die Aromen verschmelzen.

▸ **ACHTUNG!** *Nachdem der Senf zugegeben wurde, sollte die Sauce nicht mehr kochen, da sie sonst bitter wird.*

▸ **SERVIER-TIPP** *Die Koteletts auf einer vorgewärmten Platte so anrichten, dass die Knochen nach oben zeigen. Die Sauce abschmecken und nach Belieben Senf einrühren. Über die Koteletts geben und mit Petersilie bestreuen.*

Petersilie und Speck setzen bunte Akzente in der Senfsauce.

Kalbskoteletts mit Senfsauce und Perlzwiebeln

Bei dieser Variante, die in Frankreich Côtes de Veau Dijonnaise aux Petits Oignons heißt, ersetzen Kalbskoteletts das Schweinefleisch. An die Stelle des rauchigen Specks treten süße Perlzwiebeln.

1 Die Schweinekoteletts, den Speck und die Petersilie weglassen. 4 Kalbskoteletts, jeweils etwa 250 g, wie die Schweinekoteletts vorbereiten. 500 g Perlzwiebeln in eine Schüssel geben und mit siedendem Wasser bedecken. 2 Minuten stehen lassen, dann abgießen und schälen; dabei den Wurzelansatz belassen, damit die Zwiebeln nicht auseinander fallen.

2 In einer Bratpfanne 1 EL Pflanzenöl erhitzen. Die Perlzwiebeln hineingeben und unter Rühren 5–7 Minuten braten, bis sie goldbraun sind, dann mit einem Schaumlöffel herausheben. 2 EL Butter erhitzen und die Kalbskoteletts wie die Schweinekoteletts braten. Den Weißwein und den Kalbsfond oder das Wasser zugießen und das Bouquet garni zugeben. Zudecken und die Koteletts 20 Minuten köcheln lassen. Die Zwiebeln zufügen und alles noch 20–30 Minuten garen, bis das Fleisch und die Zwiebeln weich sind. Die Sauce wie beschrieben fertig stellen.

Zucchini-Tian

🍽 6 Portionen   ⏱ Arbeitszeit 30–35 Minuten   🍲 Kochzeit 20–30 Minuten

Geräte

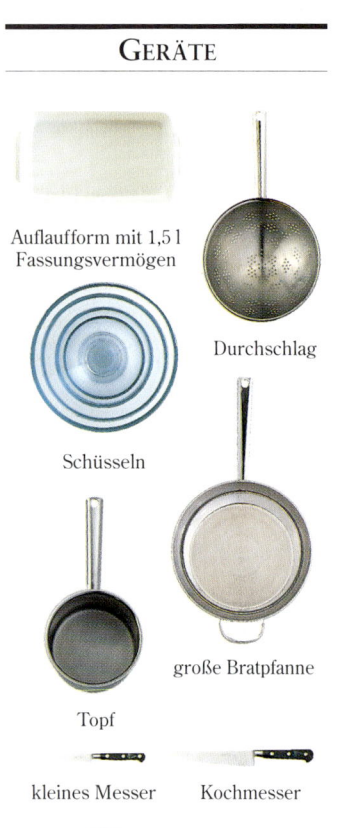

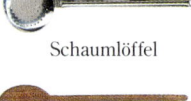

Tian ist das provenzalische Wort für eine flache irdene Form, in der man Gemüsegratins bäckt wie z. B. diese Mischung aus geschmorten Zucchini und Zwiebeln, die von Ei und Reis zusammengehalten wird und ebenfalls unter dem Namen Tian bekannt ist. Die Geschmack gebenden Zutaten – Olivenöl, Knoblauch, glatte Petersilie und Parmesan – sind typisch für die Provence. Das Tian schmeckt als Vorspeise wie auch als Beilage zu Lamm und Huhn.

Im Voraus

Das Gericht kann einen Tag im Voraus gebacken und zugedeckt im Kühlschrank aufbewahrt werden. Im Ofen bei niedriger Temperatur erhitzen oder zimmerwarm servieren.

Was Sie brauchen

1 kg Zucchini
5 EL Olivenöl, mehr für die Form
65 g Langkornreis
3 Knoblauchzehen
5–7 Stängel glatte Petersilie
2 Zwiebeln
60 g geriebener Parmesan
3 Eier
Salz und Pfeffer

Zutaten

Zucchini   Parmesan

glatte Petersilie*   Olivenöl

Eier   Langkornreis

Zwiebeln   Knoblauch

*oder krause Petersilie

▶ **PROFI-TIPP** Nehmen Sie kleine Zucchini, die in der Regel mehr Geschmack als große haben.

Arbeitsfolge

1 Die Zutaten vorbereiten

2 Das Gericht fertig stellen und backen

116

Zucchini-Tian

1 Die Zutaten vorbereiten

1 Die Zucchini putzen, dann mit dem Kochmesser quer in 5 mm dicke Scheiben schneiden.

2 In der großen Bratpfanne 1½ EL Öl erhitzen. Die Zucchini mit Salz und Pfeffer hineingeben und bei mittlerer Hitze unter gelegentlichem Umrühren 10–15 Minuten schmoren, bis das Gemüse weich und braun ist.

3 Die Zucchini aus der Pfanne auf die große Platte geben und abkühlen lassen. In der Zwischenzeit den Reis kochen.

Die Zucchini sollten schön gebräunt sein.

Die Zucchini zum Abkühlen auf der Platte verteilen.

Wie man eine Zwiebel in Scheiben schneidet

Zwiebeln werden für Suppen und Eintöpfe und zum Schmoren oft in Scheiben geschnitten. Zum Schneiden den Wurzelansatz belassen, damit die Zwiebel nicht auseinander fällt.

1 Mit einem Kochmesser die Zwiebel durch Wurzel- und Stängelansatz längs halbieren.

2 Die Hälften mit der Schnittseite nach unten auf ein Schneidbrett legen und je nach Rezept quer in dünne oder dicke Scheiben schneiden.

Die Zwiebel in Scheiben gleicher Dicke schneiden.

ZUCCHINI-TIAN

4 In dem Topf Salzwasser zum Kochen bringen, dann den Reis hineingeben. Wieder zum Kochen bringen und den Reis unter gelegentlichem Umrühren in 10–12 Minuten bissfest köcheln lassen.

5 Den Reis im Durchschlag abgießen, mit kaltem Wasser abspülen, gründlich abtropfen und 8–10 Minuten abkühlen lassen. Dann mit einer Gabel umrühren, damit er locker wird.

6 Das Kochmesser flach auf die Knoblauchzehen legen und mit der Faust auf die Klinge schlagen. Die Haut entfernen und die Zehen fein hacken.

7 Von den Petersilienstängeln die Blätter zupfen und auf das Schneidbrett häufen. Mit dem Kochmesser fein hacken.

8 Die Zwiebeln abziehen, den Wurzelansatz belassen. Halbieren und in dünne Scheiben schneiden (siehe Kasten S. 117). In der Bratpfanne knapp 2 EL Öl erhitzen. Zwiebeln und Knoblauch hineingeben und unter gelegentlichem Umrühren in 3–5 Minuten weich garen.

2 DAS GERICHT FERTIG STELLEN

1 Den Backofen auf 180 °C (Gas Stufe 2–3) erhitzen. Die Auflaufform ölen. Die abgekühlten Zucchini grob hacken.

2 Die gehackten Zucchini, die Zwiebelmischung, die Petersilie, den Reis und den Parmesan in eine große Schüssel geben und alles verrühren. Abschmecken.

Der Parmesan sorgt für einen kräftigen Geschmack.

3 Die Eier in eine Schüssel schlagen und verrühren. Mit dem Holzlöffel unter die Gemüsemischung ziehen.

4 Die Mischung in die Auflaufform geben und mit knapp 2 EL Öl beträufeln. Das Gericht im vorgeheizten Ofen 10–15 Minuten backen, bis es fest ist. Dann die Ofentemperatur auf 200 °C (Gas Stufe 3–4) heraufsetzen und das Tian weitere 10–15 Minuten backen, bis es gebräunt ist.

Am Rand ist das Tian knusprig, in der Mitte cremig.

▶ **SERVIER-TIPP** *Das Tian heiß oder zimmerwarm direkt aus der Auflaufform servieren.*

Das Tian wird als Vorspeise oder zu gebratenem Fleisch oder Geflügel serviert.

Spinat-Pilz-Tian

In dieser Variante, die in Frankreich Tian d'Epinards et Champignons heißt, sind Spinat und Champignons eine gute Alternative zu den Zucchini.

1 Zucchini, Reis und Petersilie weglassen. 2 Scheiben Weißbrot entrinden und in der Küchenmaschine zu feinen Krümeln verarbeiten. Zwiebeln und Knoblauch wie beschrieben zerkleinern.

2 1 kg Spinat von den harten Rippen und Blattstielen befreien, die Blätter waschen. In einem großen Topf Salzwasser zum Kochen bringen. Den Spinat hineingeben und in 1–2 Minuten weich köcheln lassen. Abgießen, kalt abschrecken und abtropfen lassen. Die Blätter von Hand ausdrücken, um überschüssiges Wasser zu entfernen, dann grob hacken. Knapp 400 g Champignons mit feuchtem Küchenpapier abwischen; die Stiele kürzen. Die Pilze in dünne Scheiben schneiden.

3 In einer großen Bratpfanne 2 EL Olivenöl erhitzen und Zwiebeln und Knoblauch wie beschrieben garen. Die Pilze zufügen und in etwa 5 Minuten weich schmoren. Den Spinat mit Salz und Pfeffer zugeben und alles unter gelegentlichem Rühren noch etwa 5 Minuten garen, bis alle Flüssigkeit verdampft ist. Die Mischung abkühlen lassen, dann den Parmesan unterrühren. Abschmecken. Die Auflaufform ölen.

4 Die Eier verschlagen, dann unter die Gemüsemischung rühren. In die Form geben. Die Brotkrümel darüber streuen und das Tian mit 2 EL Olivenöl beträufeln. Wie beschrieben backen.

Provenzalisches Gratin

🍽 4 Portionen ⏲ Arbeitszeit 30 Minuten 🍳 Brat- und Backzeit etwa 25 Minuten

1 Die Zwiebeln abziehen und fein hacken. Die Tomaten waschen und mit einem Löffelrücken zerdrücken.

2 In einem Topf das Öl erhitzen und die Zwiebeln darin anbraten; die Tomaten zufügen. Salzen und pfeffern.

3 Das Gemüse mit einer Gabel zerdrücken und so lange kochen, bis eine dicke Sauce entstanden ist.

4 Die Auberginen von den Stielansätzen befreien. Im Backofen bei 200 °C (Gas Stufe 3–4) backen, bis sich die Haut ablöst, dann die Haut entfernen.

5 Die Auberginen in Mehl wenden und in Scheiben schneiden. 50 g Butter in einer Pfanne erhitzen. Die Scheiben von beiden Seiten anbraten. Salzen und pfeffern.

6 Die Knoblauchzehe abziehen und fein hacken. Die Petersilie waschen, trocknen und fein hacken.

7 Eine feuerfeste Form mit etwa 2 EL Butter ausfetten. Abwechselnd das Tomaten-Zwiebel-Püree und die Auberginen zusammen mit Knoblauch und Petersilie einschichten. Zum Schluss eine Schicht Tomatenpüree darauf geben und glatt streichen.

8 Auf einer Reibe den Parmesan reiben. Mit den Semmelbröseln mischen und über das Gratin streuen.

9 Das Gratin mit dem Olivenöl beträufeln. Anschließend im Backofen bei 220 °C (Gas Stufe 4–5) etwa 15 Minuten überbacken.

Als die Päpste im 14. Jahrhundert in Avignon residierten, brachten sie die italienische Küche nach dorthin mit. Doch ein einheimischer Koch war so talentiert, dass ein Papst bei ihm ein Gericht bestellte. Der Koch aus Avignon bereitete dieses Auberginengratin zu, das von nun an Aubergines des Papes hieß.

Was Sie brauchen

2 Zwiebeln
500 g Tomaten
1/2 EL Öl
Salz
schwarzer Pfeffer aus der Mühle
2 Auberginen
1–2 EL Mehl
etwa 100 g Butter
1 Knoblauchzehe
1/2 Bund Petersilie
60 g Parmesan
1 EL Semmelbrösel
2 EL Olivenöl

▶ **VARIANTE** *Probieren Sie einmal das Savoyardische Gratin, das wie das Gratin dauphinois auf S. 122 zubereitet wird. Man würzt es jedoch zusätzlich mit fein gehacktem Thymian und fügt statt Milch und Sahne etwa 1/2 l Hühnerbrühe zu.*

▶ **PROFI-TIPP** *Nehmen Sie für das Gericht das französische Olivenöl „extra vierge", das native Öl.*

▶ **SERVIER-TIPP** *Dazu passt weißer provenzalischer Landwein oder ein Rosé-Tischwein.*

Zucchiniterrine mit Joghurt

Für eine leichte Mahlzeit im Sommer eignet sich diese Terrine des Courgettes.

1 2 kg Zucchini waschen und putzen. 2 Zucchini beiseite legen. Die restlichen Zucchini schälen und sehr fein schneiden. 2 große Zwiebeln abziehen und sehr fein hacken.

2 In einem großen Topf 4 EL Öl erhitzen. Die Zwiebeln und Zucchini hineingeben und bei mittlerer Hitze unter gelegentlichem Rühren glasig braten, dann bei großer Hitze die Flüssigkeit verdampfen lassen. Das Gemüse mit einer Gabel zerkleinern. 200 g Semmelbrösel in 2–3 EL Milch einweichen.

3 250 g Sauerampfer waschen, trockentupfen und in einem Topf mit 1 EL Butter kurz erwärmen. 20 Pfefferminzblätter waschen, trockentupfen und fein hacken. 4 Eier schaumig rühren. Nacheinander die Semmelbrösel, Sauerampfer, Salz, Pfeffer, Minzeblätter und Eier unter die Zucchinimasse mischen.

4 Die restlichen Zucchini in dünne Scheiben schneiden. Eine feuerfeste Glasschüssel ausfetten. 6 schöne Zucchinischeiben beiseite legen; mit den restlichen Scheiben die Form auskleiden. Die Zucchinimasse einfüllen. Mit den restlichen Scheiben garnieren. Im Backofen bei 250 °C (Gas Stufe 6) 1 1/2 Stunden backen. In der Zwischenzeit gemischte Kräuter mit 200 g Naturjoghurt verrühren und zur Terrine servieren.

Gratin dauphinois

 6–8 Portionen   Arbeitszeit 30–40 Minuten   Backzeit 20–25 Minuten

Geräte

- Gemüsehobel*
- Schüsseln
- Muskatreibe
- kleines Messer
- Gemüseschäler
- Schneebesen
- Durchschlag
- Backpinsel
- Holzlöffel
- mittelgroßer Topf
- flache Auflaufform mit 1,5 l Fassungsvermögen
- Geschirrtuch
- Käsereibe
- Schneidbrett

*oder Kochmesser

Für dieses wundervolle, habhafte Gericht werden die Kartoffeln zuerst in Milch geköchelt, damit sie nicht bitter schmecken, dann in Schlagsahne gegart und zum Schluss mit geriebenem Gruyère bestreut, der im Ofen schön bräunt. Superb!

Im Voraus
Das Gericht kann einen Tag im Voraus zusammengestellt und zugedeckt kühl aufbewahrt werden. Vor dem Servieren backen.

Was Sie brauchen

750 g Kartoffeln
600 ml Milch
frisch geriebene Muskatnuss
Salz und Pfeffer
300 g Schlagsahne
45 g Gruyère
1 Knoblauchzehe
zerlassene Butter für die Auflaufform

Zutaten

- Kartoffeln
- Gruyère
- Butter
- Muskatnuss*
- Knoblauch
- Schlagsahne
- Milch

*oder geriebene Muskatnuss

▸ **PROFI-TIPP** *Am besten gelingt dieses Gericht mit vorwiegend fest kochenden Kartoffeln.*

Arbeitsfolge

1 Die Kartoffeln vorbereiten

2 Das Gratin fertig stellen und backen

Gratin dauphinois

1 Die Kartoffeln vorbereiten

1 Die Kartoffeln schälen, dann auf dem Gemüsehobel quer in 3 mm dicke Scheiben schneiden. Wahlweise mit dem Kochmesser die Kartoffeln auf einer Seite dünn abschneiden, sodass sie fest auf dem Schneidbrett aufliegen, und ebenfalls in 3 mm dicke Scheiben schneiden. Das Geschirrtuch befeuchten und die Scheiben damit bedecken, damit sie sich nicht verfärben.

▶ **ACHTUNG!** *Die Kartoffeln nicht in Wasser legen. Dadurch würde die Stärke herausgelöst, die dem Gratin seine cremige Beschaffenheit gibt.*

Die Fingerspitzen nicht zu nah an das Messer des Gemüsehobels kommen lassen.

Die Kartoffeln werden in dünne Scheiben geschnitten, damit sie nach dem Backen weich sind.

2 In dem mittelgroßen Topf die Milch zum Kochen bringen. Mit etwas Muskatnuss, Salz und Pfeffer würzen.

▶ **ACHTUNG!** *Die Milch von Zeit zu Zeit mit dem Schneebesen umrühren, damit sie nicht anbrennt.*

3 Die Kartoffeln in den Topf geben und unter gelegentlichem Umrühren in 10–15 Minuten bissfest garen.

Frisch geriebene Muskatnuss ist aromatischer als Muskatpulver.

4 Die Kartoffeln im Durchschlag abgießen; die Milch anderweitig verwenden, z.B. für eine Suppe.

GRATIN DAUPHINOIS

2 Das Gratin fertig stellen und backen

1 Die Kartoffeln wieder in den Topf geben und die Sahne darüber gießen. Zum Kochen bringen und unter gelegentlichem Umrühren 10–15 Minuten köcheln lassen, bis die Kartoffeln sehr weich sind. Abschmecken.

▸ **PROFI-TIPP** *Nach dem Kochen sollte die Sahne durch die Stärke aus den Kartoffeln leicht angedickt sein.*

2 Den Käse grob reiben und beiseite stellen. Den Backofen auf 190 °C (Gas Stufe 3) vorheizen.

Die Sahne nur leicht köcheln lassen, damit sie nicht verdampft.

Die Kartoffeln sollten während des Garens nicht zerbrechen.

3 Die Knoblauchzehe abziehen und halbieren. Mit der Schnittseite Boden und Seiten der Form ausreiben.

5 Die Kartoffeln mit der Sahne in die Form schichten und mit dem geriebenen Käse bestreuen.

4 Boden und Seiten der Form mit zerlassener Butter ausstreichen, dazu den Backpinsel benutzen.

Den geriebenen Käse gleichmäßig über die Kartoffeln streuen.

6 Das Gratin im vorgeheizten Ofen 20–25 Minuten backen, bis es goldbraun ist. Mit dem kleinen Messer die Garprobe machen; es sollte nach dem Herausziehen heiß sein.

▸ **SERVIER-TIPP** *Das Gratin dauphinois heiß direkt aus der Form servieren.*

Wurzelgemüse-Gratin

In dieser Variante des Gratin dauphinois, die in Frankreich Gratin de Racines d'Hiver heißt, ersetzt Wurzelgemüse die Hälfte der Kartoffeln. Hier werden Möhren verwendet, aber andere Wurzelgemüse wie beispielsweise Rüben oder Sellerie eignen sich ebenso gut. Die in Scheiben geschnittenen Möhren kann man abwechselnd mit den Kartoffeln in Reihen in die Form legen.

Gratin dauphinois ist eine hervorragende Beilage zu gegrilltem und gebratenem Fleisch.

1 Knapp 400 g Möhren schälen und putzen, dann auf dem Gemüsehobel oder mit dem Kochmesser in dünne Scheiben schneiden. 300 ml Milch zum Kochen bringen und mit etwas geriebener Muskatnuss, Salz und Pfeffer würzen. Die Möhren hineingeben und 15–20 Minuten köcheln lassen, bis sie fast weich sind.
2 In der Zwischenzeit knapp 400 g Kartoffeln schälen und wie beschrieben in 300 ml Milch köcheln lassen. 6 Portionsformen wie die große Auflaufform vorbereiten.
3 Die Möhren und die Kartoffeln im Durchschlag abgießen. Zusammen in der Schlagsahne köcheln lassen und das Gratin wie beschrieben fertig stellen und backen. Ergibt 6 Portionen.

Die zweimal gekochten Kartoffeln sind sehr zart.

Kirsch-Clafoutis

6–8 Portionen · Arbeitszeit 20–25 Minuten · Backzeit 30–35 Minuten

Geräte

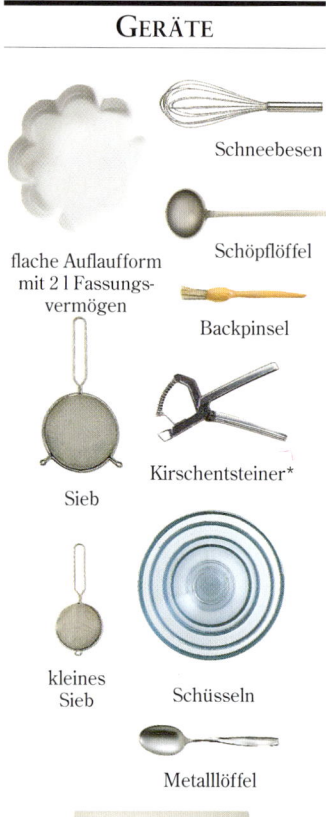

- flache Auflaufform mit 2 l Fassungsvermögen
- Schneebesen
- Schöpflöffel
- Backpinsel
- Kirschentsteiner*
- Sieb
- Schüsseln
- kleines Sieb
- Metalllöffel
- Schneidbrett

*oder Gemüseschäler

Zutaten

- Kirschen
- Puderzucker
- Zucker
- Eigelb
- Schlagsahne
- Mehl
- Kirschwasser
- Eier
- Butter
- Milch

Für dieses Dessert aus dem Limousin in Zentralfrankreich werden in einem Eierteig, der aufgeht und goldbraun wird, Kirschen gebacken. Sauerkirschen geben den meisten Geschmack. Hier werden die Früchte entsteint, was traditionell unterbleibt. Dazu passt geschlagene Sahne.

Im Voraus

Der Clafoutis wird am besten frisch gebacken und warm serviert, kann aber auch 6 Stunden vorher zubereitet und zimmerwarm aufgetragen werden.

▶ **PROFI-TIPP** *Falls frische Kirschen nicht erhältlich sind, kann man auch Kirschen aus dem Glas nehmen. Man benötigt dann 2 Gläser à 500 g.*

Was Sie brauchen

Butter für die Auflaufform
100 g Zucker, mehr für die Auflaufform
gut 600 g Kirschen
knapp 5 EL Mehl
Salz
150 ml Milch
75 g Schlagsahne
4 Eier
2 Eigelb
3 EL Kirschwasser
2 EL Puderzucker

Arbeitsfolge

1 Die Kirschen vorbereiten und den Teig herstellen

2 Den Clafoutis fertig stellen

Kirsch-Clafoutis

1 Die Kirschen vorbereiten und den Teig herstellen

1 Die Auflaufform mit zerlassener Butter auspinseln. Etwas Zucker einstreuen und die Form schwenken, damit sich der Zucker gleichmäßig verteilt.

2 Die Form umdrehen. Mit den Knöcheln auf den Boden klopfen, um überschüssigen Zucker zu entfernen.

3 Die frischen Kirschen entsteinen (siehe Kasten unten) oder die Kirschen aus dem Glas abgießen und abtropfen lassen. Gleichmäßig auf dem Boden der vorbereiteten Form verteilen.

4 Das Mehl mit einer Prise Salz in eine mittelgroße Schüssel sieben. Mit den Fingern eine Mulde in die Mitte drücken.

Wie man Kirschen entsteint

Verwenden Sie feste Kirschen mit glänzender Schale und grünem Stiel.

Den Stein mit der Spitze des Gemüseschälers aus der Kirsche heben.

Mit einem Kirschentsteiner:
Mit dem Entsteiner den Stein aus der Frucht drücken. Dabei entsteht ein großes Loch, durch das beim Backen sehr viel Fruchtsaft verloren geht.

Mit einem Gemüseschäler:
Mit der Spitze in das Stielende stechen, um den Stein fahren und den Stein herausheben. Die Verletzung ist kleiner und die Kirschen verlieren weniger Saft.

Kirsch-Clafoutis

Die Eier und der Zucker werden zum gleichen Zeitpunkt in die Mehlmischung gegeben.

Die zusätzlichen Eigelbe machen den Clafoutis habhaft.

5 Die Milch und die Sahne in die Vertiefung gießen und mit dem Schneebesen verrühren, dabei nach und nach das Mehl vom Rand unterziehen.

6 Die Eier, die Eigelbe und den Zucker zugeben und alles zu einem glatten Teig verrühren.

▶ **PROFI-TIPP** *Es besteht keine Notwendigkeit, die Zutaten kräftig zu schlagen.*

2 Den Clafoutis fertig stellen

Mit dem Schöpflöffel lässt sich der Teig leicht verteilen.

Die Kirschen schauen aus dem Teig heraus.

1 Den Backofen auf 180 °C (Gas Stufe 2–3) vorheizen. Unmittelbar vor dem Backen den Teig über die Kirschen geben. Dann das Kirschwasser darüber gießen.

2 Den Clafoutis im vorgeheizten Ofen 30–35 Minuten backen, bis der Teig aufgegangen und goldbraun ist.

▶ **PROFI-TIPP** *Nach dem Backen fällt der fertige Clafoutis etwas zusammen.*

3 Unmittelbar vor dem Servieren den Clafoutis mit Puderzucker bestreuen, dazu das kleine Sieb benutzen.

▶ **SERVIER-TIPP** Den Clafoutis heiß oder zimmerwarm servieren und nach Belieben geschlagene Sahne dazureichen.

Pflaumen-Clafoutis

Kirsch-Clafoutis ist ein Dessert für den Frühsommer. Im Herbst und Winter kommen andere, frische oder getrocknete Früchte zum Zug, beispielsweise kleine Pflaumen wie in dieser Variante, die in Frankreich Clafoutis aux Prunes heißt.

1 Die Kirschen weglassen. Wie beschrieben die Auflaufform vorbereiten und den Teig herstellen.

2 Mit einem kleinen Messer gut 600 g kleine Pflaumen halbieren, dazu rund um den Stein schneiden. Die beiden Hälften schnell und kräftig gegeneinander verdrehen, um das Fleisch vom Stein zu lösen, dann auseinander ziehen. Mit der Messerspitze den Stein herausheben und wegwerfen.

3 Die Pflaumen mit der Schnittfläche nach oben auf dem Boden der vorbereiteten Auflaufform verteilen. Den Clafoutis wie im Hauptrezept beschrieben fertig stellen, backen und verzieren.

Die saftigen Kirschen und der süße, habhafte Teig harmonieren gut.

Die Oberfläche des Clafoutis wird mit Puderzucker verziert.

Mirabellensoufflé

6 Portionen — **Arbeitszeit 30 Minuten** — **Backzeit 20–25 Minuten**

1 Die Mirabellen waschen und von den Kernen befreien. Wahlweise die Kirschen von den Stängeln befreien, waschen und entkernen. Es sollten 250 g Früchte sein.

2 In einem Topf das Wasser mit dem Kristallzucker aufkochen, bis sich der Zucker aufgelöst hat. Die Mirabellen oder die Kirschen zufügen und 4–5 Minuten kochen, bis sie weich sind.

3 Abkühlen lassen, abgießen und abtropfen lassen. Inzwischen die Eier trennen. Die Eigelbe mit dem feinen Zucker schaumig schlagen.

4 In einem Topf die Milch zum Kochen bringen. In die Eigelbmasse geben. Wieder in den Topf gießen. Unter ständigem Rühren bei schwacher Hitze erwärmen, aber nicht aufkochen lassen.

Mirabellen sind kleine gelbe Pflaumen, die ein festes und sehr süßes Fleisch haben. Sie wurden im 15. Jahrhundert durch König René von Anjou aus Asien nach Frankreich eingeführt. In Lothringen wird ein guter Mirabellenschnaps gebrannt.

Was Sie brauchen

350 g Mirabellen oder dunkle Kirschen
1/4 l Wasser
60 g Kristallzucker
4 große Eier
80 g sehr feiner Zucker
200 ml Milch
3 Eiweiß
3 EL Mirabellenschnaps oder Kirschwasser
6 Löffelbiskuits
Butter und Zucker für die Form
Puderzucker

5 In eine Schüssel Eiswürfel füllen. Eine kleinere Schüssel hineinstellen. Die Eigelbmasse durch ein Sieb in die kleine Schüssel streichen. Den Backofen auf 170 °C (Gas Stufe 2) vorheizen.

6 Die Eiweiße steif schlagen. 2 EL Schnaps oder Kirschwasser in die Eimasse geben. Den Eischnee vorsichtig unterziehen.

7 Eine Soufflèform mit Butter ausfetten und mit Zucker ausstreuen. Den überschüssigen Zucker entfernen. Die Löffelbiskuits zerkleinern und in die Form geben.

8 Die Mirabellen oder Kirschen darüber geben und die Soufflémasse darauf verteilen. Im vorgeheizten Ofen 20–25 Minuten backen, bis das Soufflé aufgegangen und goldbraun geworden ist. Vorsichtig mit Puderzucker bestreuen.

▶ **PROFI-TIPP** *Sie können das Soufflé auch mit Birnen oder Himbeeren zubereiten. In diesem Fall sollten Sie als Alkohol Birnengeist oder Himbeerwasser verwenden. Mirabellen kann man auch eingemacht verwenden, muss sie vorher aber entkernen. Für das Soufflé lässt man sie abtropfen.*

▶ **SERVIER-TIPP** *Dazu passt ein Obstsalat, den Sie mit dem im Soufflé verwendeten Mirabellenschnaps oder Kirschwasser übergießen.*

Aprikosen-Haselnuss-Eis

6 Portionen **Arbeitszeit 35–40 Minuten*** **Gefrierzeit mindestens 4 Stunden****

Geräte

Küchenmaschine* Kochmesser Schneebesen Eisportionierer

Schüsseln Sieb kleines Messer

Eismaschine Geschirrtuch

Klarsichtfolie kleines Glas mit Deckel

Teigschaber

Holzlöffel

Töpfe, einer mit schwerem Boden und Deckel

*oder Mixer

In diesem Rezept aus dem Burgund bekommt Vanilleeis durch Haselnüsse, Trockenaprikosen und Haselnusslikör viel zusätzliches Aroma.

Im Voraus

Das Eis kann 2 Wochen im Voraus hergestellt und gut verschlossen im Gefriergerät aufbewahrt werden. Falls es vor dem Servieren mehr als 12 Stunden im Gerät war, sollte man es etwa 30 Minuten im Kühlschrank antauen lassen.

*plus maximal 2 Tage zum Ziehen der Aprikosen
**abhängig von der Eismaschine, die benutzt wird

Was Sie brauchen

knapp 100 g getrocknete, halbierte Aprikosen
175 ml Haselnusslikör
125 g Haselnüsse
Für das Vanilleeis
600 ml Milch
1 Vanillestange
135 g Zucker
8 Eigelbe
2 EL Maismehl
250 g Schlagsahne

Zutaten

getrocknete, halbierte Aprikosen Milch

Zucker Maismehl

Haselnüsse Stangenvanille*

Schlagsahne Eigelbe

Haselnusslikör**

*oder 1 TL Vanille-Essenz
**oder Aprikosenlikör

Arbeitsfolge

1 Die Aprikosen und die Haselnüsse vorbereiten

2 Die Vanillecreme zubereiten

3 Das Eis gefrieren

Aprikosen-Haselnuss-Eis

1 Die Aprikosen und die Haselnüsse vorbereiten

1 Die Aprikosen in einer Schüssel mit kochendem Wasser bedecken und 10–15 Minuten ziehen lassen.

2 Die Aprikosen abgießen und in das Glas geben. Den Haselnusslikör zufügen; gut verschließen. Mindestens 2 Stunden und höchstens 2 Tage ziehen lassen.

Der Haselnusslikör wird aufbewahrt und zum Eis serviert.

Die Aprikosen haben umso mehr Geschmack, je länger sie ziehen.

3 Die Aprikosen abgießen; den Likör auffangen und aufbewahren. Die Früchte in der Küchenmaschine pürieren und beiseite stellen.

4 Die Haselnüsse rösten und abziehen (siehe Kasten rechts), dann mit dem Kochmesser grob hacken. Die Hälfte der Nüsse zum Servieren beiseite legen.

▶ **PROFI-TIPP** Falls Sie das Eis lange im Voraus herstellen, sollten Sie die beiseite gelegten Nüsse und den Likör in verschlossenen Gefäßen aufbewahren.

Wie man Nüsse röstet und von ihrer Haut befreit

Rösten intensiviert das Nussaroma und gibt zusätzlichen Biss. Es sorgt auch dafür, dass sich die Haut von Nüssen wie z. B. Haselnüssen löst und besser entfernen lässt.

Nach dem Rösten löst sich die Haut der Haselnüsse leichter.

1 Den Backofen auf 180 °C (Gas Stufe 2–3) vorheizen. Die Nüsse auf einem Backblech unter gelegentlichem Umrühren in 12–15 Minuten bräunen.

2 Um die Haut zu entfernen, die Nüsse noch heiß in einem Geschirrtuch abreiben, dann abkühlen lassen.

2 Die Vanillecreme zubereiten

1 Die Milch in den schweren Topf geben. Die Vanilleschote längs halbieren und in den Topf legen. Gerade zum Kochen bringen, dann von der Kochstelle nehmen. Zudecken und 10–15 Minuten an einem warmen Platz stehen lassen.

2 Ein Viertel der Milch abgießen und beiseite stellen. Den Zucker in die restliche heiße Milch geben und so lange rühren, bis er sich aufgelöst hat.

3 In einer mittelgroßen Schüssel die Eigelbe mit dem Maismehl verrühren. Die gesüßte heiße Milch zugießen und die Mischung glatt schlagen.

4 Die Creme zurück in den Topf gießen und unter ständigem Umrühren mit dem Holzlöffel so lange erhitzen, bis sie gerade zu kochen anfängt und so dick ist, dass sie leicht am Löffel haftet und eine saubere Spur zurückbleibt, wenn man mit dem Finger quer über den Löffel fährt.

5 Den Topf von der Kochstelle nehmen und die beiseite gestellte Milch einrühren, dann die Creme durch das Sieb in eine Schüssel gießen. Wenn die Vanille-Essenz verwendet wird, jetzt einrühren. Gut mit Klarsichtfolie bedecken, damit sich keine Haut bildet, und abkühlen lassen.

▶ **PROFI-TIPP** *Man kann die Vanilleschote abspülen und noch einmal verwenden.*

Man gießt die Creme ab, damit die Vanilleschote und eventuell vorhandene kleinere Stücke gekochtes Eigelb entfernt werden.

3 Das Eis gefrieren

1 Haut auf der Vanillecreme durch Schlagen mit dem Schneebesen auflösen. Die Creme in die Eismaschine gießen und entsprechend der Bedienungsanleitung verarbeiten, bis sie halbfest ist. Inzwischen 2 mittelgroße Schüsseln im Gefriergerät kalt werden lassen.

2 Die Sahne in eine der Schüsseln gießen und schlagen, bis weiche Spitzen stehen bleiben.

▶ **PROFI-TIPP** *In einer kalten Schüssel lässt sich Schlagsahne schneller steif schlagen.*

Die Eiscreme mit dem Teigschaber verrühren.

3 Die Hälfte der Haselnüsse und das Aprikosenpüree zu der halbfesten Vanilleeiscreme geben und alles verrühren.

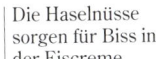

Die Haselnüsse sorgen für Biss in der Eiscreme.

4 Die geschlagene Sahne zufügen und leicht verrühren. Die Eiscreme weiter in der Eismaschine verarbeiten, bis sie fest ist, dann in die zweite gekühlte Schüssel geben. Fest zudecken und in das Gefriergerät stellen.

▶ **SERVIER-TIPP** Die Eiscreme mit dem Eisportionierer in gekühlte Portionsgläser geben. Den beiseite gestellten Haselnusslikör darüber gießen und das Eis mit den verbliebenen Haselnüssen verzieren. Sofort servieren.

Große Eisbecher sind ideal zum Servieren der Eiscreme.

Pflaumen-Armagnac-Eis

Zwei in der Gascogne sehr beliebte Zutaten, Pflaumen und Armagnac, aromatisieren diese Variante der Aprikosen-Haselnuss-Eiscreme, die in ihrer Heimat Glace Gasconne heißt. Als Dessert eines festlichen Essens ist die Nachspeise einzigartig.

1 Die Aprikosen, den Haselnusslikör und die Haselnüsse weglassen. 150 g entsteinte Pflaumen in eine kleine Schüssel geben. Mit 175 ml Armagnac bedecken und wie die Aprikosen ziehen lassen. Abgießen, dabei den Likör auffangen.

2 Die Vanillecreme wie beschrieben zubereiten und abkühlen lassen. Die Eiscreme wie beschrieben herstellen und gefrieren, dabei statt der Aprikosen und des Haselnusslikörs die Pflaumen und den Armagnac verwenden. Die Eiscreme wie beschrieben mit dem beiseite gestellten Likör übergießen und nach Belieben noch mit entsteinten Pflaumen verzieren.

Milchreis-Pudding mit Pfirsich

4–6 Portionen · **Arbeitszeit 15–20 Minuten*** · **Kochzeit 4 Stunden**

Geräte

- Kochmesser
- ofenfeste Schüssel mit 1,5 l Fassungsvermögen
- Schaumlöffel
- Holzlöffel
- großer Metalllöffel
- Topf
- Metalllöffel
- kleines Messer
- Schüsseln
- Küchenpapier
- Schneidbrett

Durch die lange Kochzeit wird der Milchreis-Pudding schön cremig und erhält eine süße goldbraune Kruste. Im Sommer schmeckt dieses Dessert besonders gut, wenn man den Reis warm und die in Rotwein eingelegten Pfirsiche gut gekühlt serviert.

Im Voraus

Sowohl der Milchreis-Pudding als auch die Pfirsiche können einen Tag im Voraus zubereitet und zugedeckt im Kühlschrank aufbewahrt werden. Den Pudding Zimmertemperatur annehmen lassen oder im Backofen bei niedriger Hitze erwärmen.

*plus mindestens 2 Stunden zum Ziehen der Früchte und eine Stunde Ruhezeit

Zutaten

- Pfirsiche
- Milchreis
- Milch
- trockener Rotwein
- Zucker
- Zimtstange

▶ **PROFI-TIPP** Milch- oder Kurz- bzw. Rundkornreis enthält mehr Stärke als Lang- oder Mittelkornreis und nimmt mehr Milch auf; dadurch wird der Pudding habhafter.

Was Sie brauchen

65 g Milchreis
1 l Milch, mehr nach Bedarf
1 Stück Zimtstange, 5 cm lang
50 g Zucker
Salz
Für die Pfirsiche
4 reife Pfirsiche
60 g Zucker, mehr nach Bedarf
¼ l trockener Rotwein, mehr nach Bedarf

Arbeitsfolge

1 Die Pfirsiche in Rotwein ziehen lassen

2 Den Milchreis-Pudding garen

MILCHREIS-PUDDING MIT PFIRSICH

1 Die Pfirsiche in Rotwein ziehen lassen

1 Die Pfirsiche abziehen und entsteinen. Dazu in dem Topf Wasser zum Kochen bringen. Die Pfirsiche für 10 Sekunden hineinlegen, dann in eine Schüssel mit kaltem Wasser geben.

▶ **PROFI-TIPP** *Wenn die Pfirsiche sehr reif sind, muss man sie vor dem Abziehen nicht in kochendes Wasser legen.*

Die blanchierten Pfirsiche behalten ihre Form.

Die Pfirsiche werden in kaltes Wasser gelegt, um den Kochvorgang sofort zu stoppen.

2 Mit dem kleinen Messer die Pfirsiche halbieren, dabei die Fruchtnaht auf der einen Seite als Führung benutzen.

3 Die beiden Pfirsichhälften mit den Händen kräftig gegeneinander verdrehen und das Fruchtfleisch vom Stein lösen. Falls das Fleisch anhaftet, löst man es mit dem Kochmesser.

5 Die Pfirsichhälften vorsichtig abziehen und die Haut wegwerfen.

Bevor die Pfirsiche in Rotwein eingelegt werden, zieht man die Haut ab.

Die Pfirsichhaut löst sich leicht vom Fruchtfleisch.

4 Die Steine aus den Pfirsichhälften herausheben oder -schneiden und wegwerfen.

MILCHREIS-PUDDING MIT PFIRSICH

6 Die Pfirsichhälften in 2 Stücke schneiden und in eine Schüssel aus Glas oder Porzellan geben.

Wie viel Zucker man benötigt, hängt davon ab, wie süß die Pfirsiche sind.

7 Die Pfirsiche mit Zucker bestreuen, dann so viel Rotwein darüber gießen, dass die Früchte vollständig bedeckt sind.

8 Die Pfirsiche beschweren, dazu einen Teller auflegen. Im Kühlschrank mindestens 2 und höchstens 24 Stunden ziehen lassen.

2 DEN MILCHREIS-PUDDING GAREN

2 Den Rand der Schüssel mit feuchtem Küchenpapier sauber wischen, dann die Schüssel in den vorgeheizten Ofen stellen und den Pudding 4 Stunden garen, bis sich eine goldbraune Kruste bildet. Alle 30 Minuten vorsichtig umrühren, dazu den Metalllöffel am Rand einstechen und den Pudding vom Boden her wenden.

▶ **ACHTUNG!** *Die goldbraune Kruste, die sich am Ende der Garzeit bildet, nicht mehr unterrühren.*

1 Den Backofen auf 150 °C (Gas Stufe 1) vorheizen. In der ofenfesten Schüssel den Reis, die Milch, die Zimtstange, den Zucker und eine Prise Salz mit dem Holzlöffel gut verrühren.

Die Zimtstange aromatisiert während der langen Garzeit den Pudding.

3 Den Pudding aus dem Ofen nehmen. Den Löffel vorsichtig am Rand einstechen und die Masse vom Boden her wenden. Den Pudding noch eine Stunde stehen lassen, damit der Reis die Milch vollständig aufnimmt.

▸ **PROFI-TIPP** Beim Abkühlen wird der Pudding fester.

▸ **SERVIER-TIPP** Die Zimtstange aus dem Milchreis-Pudding nehmen und wegwerfen. Den Pudding auf Portionsteller verteilen und die Pfirsiche mit etwas Rotweinsirup darüber geben.

Milchreis-Pudding mit Trockenfrucht-Kompott

Bei dieser Variante des Milchreis-Puddings mit Pfirsich, die in Frankreich Terrinée au Confit de Fruits Secs heißt, bildet ein schnell gekochtes Kompott aus Trockenfrüchten einen aparten Gegensatz zum cremigen Milchreis-Pudding.

1 Die Pfirsiche, 60 g Zucker und den Rotwein weglassen. Den Milchreis-Pudding wie beschrieben garen. Inzwischen das Trockenfrucht-Kompott zubereiten.

2 100 g getrocknete Feigen in Achtel und 100 g getrocknete Aprikosenhälften quer in jeweils 4 Scheiben schneiden. Mit einem Gemüseschäler die Schale von einer halben Zitrone abschneiden.

3 Die Zitronenschale zusammen mit 90 g Zucker und einer ganzen Gewürznelke in einen kleinen Topf geben. 175 ml Wasser zufügen und unter gelegentlichem Umrühren erhitzen, bis sich der Zucker aufgelöst hat. Zum Kochen bringen, dann die Feigen zugeben und etwa 5 Minuten köcheln lassen, bis sie weich sind.

4 Die Aprikosen zusammen mit 30 g Sultaninen zufügen und alles nochmals etwa 5 Minuten köcheln lassen, bis das Obst aufgequollen und zart ist.

5 Den Topf von der Kochstelle nehmen. 2 EL Weinbrand einrühren und das Kompott 5–10 Minuten stehen lassen, bis das Obst die gesamte Flüssigkeit aufgesogen hat. Die Gewürznelke herausnehmen und wegwerfen. Das Kompott warm oder heiß mit dem Milchreis-Pudding servieren.

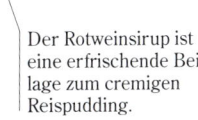

Der Rotweinsirup ist eine erfrischende Beilage zum cremigen Reispudding.

Die Pfirsichhälften schmecken kräftig nach Rotwein.

Schnee-Eier

 8 PORTIONEN  ARBEITSZEIT 35–40 MINUTEN KOCHZEIT 45–50 MINUTEN

GERÄTE

- Schaumlöffel
- Holzlöffel
- kleine Bratpfanne
- Schneebesen
- kleines Messer
- große Metallschüssel
- Küchenpapier
- Teigschaber
- Schüsseln
- mittelgroßer Topf mit schwerem Boden und Deckel
- Topf mit großer Garfläche
- Sieb
- Dessertlöffel
- Klarsichtfolie
- Backblech

Für dieses altehrwürdige französische Dessert, das in seiner Heimat Œufs à la Neige heißt, werden Eiweiße zu einer einfachen Meringue geschlagen, in Eiform gebracht und in Wasser pochiert. Die Meringue-Eier werden in einer Vanillecreme serviert und mit Mandelblättchen und Karamell verziert.

IM VORAUS

Die Vanillecreme kann einen Tag im Voraus zubereitet und zugedeckt im Kühlschrank aufbewahrt werden. Die Schnee-Eier nicht länger als 6 Stunden vor dem Servieren pochieren; zugedeckt im Kühlschrank aufbewahren. Vor dem Servieren den Karamell zubereiten und das Dessert fertig stellen.

WAS SIE BRAUCHEN

Für die Vanillecreme

3/4 l Milch
1 Vanillestange
100 g Zucker
8 Eigelbe
2 EL Maismehl

Für die Meringue-Eier

8 Eiweiße
Salz
400 g Zucker

Für die Verzierung

45 g Mandelblättchen
200 g Zucker
1/8 l Wasser

ZUTATEN

Zucker — Mandelblättchen

Vanillestange*

Eigelb

Milch

Eiweiß

Maismehl

*oder 1 TL Vanille-Essenz

ARBEITSFOLGE

1 DIE VANILLECREME ZUBEREITEN UND DIE MANDELBLÄTTCHEN RÖSTEN

2 DIE MERINGUE-EIER HERSTELLEN UND POCHIEREN

3 DEN KARAMELL ZUBEREITEN; DAS DESSERT FERTIG STELLEN

SCHNEE-EIER

1 Die Vanillecreme zubereiten und die Mandelblättchen rösten

2 Ein Viertel der Milch abgießen und beiseite stellen. Den Zucker zu der verbliebenen Milch geben und einrühren, bis er sich aufgelöst hat.

Der Zucker löst sich in der heißen Milch schnell auf.

1 Die Milch in den mittelgroßen Topf gießen. Die Vanilleschote, wenn verwendet, längs halbieren und zufügen. Gerade zum Kochen bringen; den Topf vom Herd nehmen. Zudecken; 10–15 Minuten an einen warmen Platz stellen.

3 In einer mittelgroßen Schüssel die Eigelbe mit dem Maismehl verschlagen. Die gesüßte heiße Milch einrühren, bis die Mischung glatt ist.

Wenn man mit dem Finger quer über den Löffel fährt, sollte eine saubere Spur zurückbleiben.

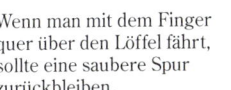

4 Die Creme zurück in den Topf geben und bei mittlerer Hitze unter ständigem Umrühren erhitzen, bis sie gerade kocht und leicht am Löffel haftet. Die Creme darf nicht weiterkochen, da sie sonst gerinnt.

5 Den Topf von der Kochstelle nehmen und die beiseite gestellte Milch einrühren, dann die Creme durch das Sieb in eine Schüssel gießen. Die Vanilleschote, wenn verwendet, abspülen, trocknen und aufheben; sie kann wieder verwendet werden. Die Creme gut mit Klarsichtfolie zudecken, damit sich auf ihrer Oberfläche keine Haut bildet, und erst abkühlen lassen, dann in den Kühlschrank stellen.

Die beiseite gestellte Milch gibt der Creme die richtige Konsistenz.

6 Den Backofen auf 180 °C (Gas Stufe 2–3) vorheizen. Die Mandelblättchen auf einem Backblech verteilen und im vorgeheizten Ofen unter gelegentlichem Umrühren 10–12 Minuten rösten, bis sie leicht gebräunt sind. Beiseite stellen.

SCHNEE-EIER

2 Die Meringue-Eier herstellen und pochieren

Der Zucker wird beim Schlagen dazugegeben.

Die Meringue wird zu Ovalen geformt, indem man die beiden Löffel gegeneinander verdreht.

1 Die Eiweiße zusammen mit einer Prise Salz in die Metallschüssel geben und steif schlagen. 60–75 g Zucker einstreuen und für eine leichte Meringue etwa 30 Sekunden weiterschlagen, bis die Masse glänzt.

2 Mit dem Teigschaber nach und nach in 1–2 Minuten den restlichen Zucker sorgfältig unter die Meringue heben. So lange fortfahren, bis lange Spitzen stehen bleiben, wenn man den Teigschaber aus der Schüssel hebt.

3 In dem Topf mit großer Garfläche Wasser zum Köcheln bringen. Den Dessertlöffel in das Wasser tauchen und einen großen Löffel Meringue aus der Schüssel nehmen. Die Meringue mithilfe eines zweiten Löffels zu einem sauberen Oval formen.

5 Die Meringue-Eier mit dem Schaumlöffel aus dem Wasser heben und auf Küchenpapier abtropfen lassen. Die restliche Meringue ebenso zu Eiern formen und die Eier garen.

▸ **PROFI-TIPP** *Beim Abkühlen fallen die Meringue-Eier etwas in sich zusammen.*

4 Das Meringue-Ei in das köchelnde Wasser legen. Rasch 6–7 weitere Eier formen, dazu die Löffel in das Wasser tauchen, damit die Meringue nicht anhaftet. Die Eier pochieren, bis sie fest und aufgegangen sind.

Die Meringue-Eier auf Küchenpapier abtropfen lassen und so das überschüssige Wasser entfernen.

3 Den Karamell zubereiten; das Dessert fertig stellen

1 Die Vanillecreme auf eine Servierplatte geben. Mit dem Schaumlöffel die Meringue-Eier darauf verteilen.

2 Den Karamell zubereiten. Dazu den Zucker und das Wasser in die kleine Bratpfanne geben und unter gelegentlichem Rühren langsam erhitzen, bis sich der Zucker aufgelöst hat. Den Sirup zum Kochen bringen und ohne umzurühren 8–10 Minuten kochen lassen, bis er am Rand goldbraun wird.

3 Die Temperatur herabsetzen und den Karamell weiterkochen, bis er goldbraun ist, dabei die Pfanne ein- oder zweimal schwenken, damit er gleichmäßig bräunt. Die Pfanne von der Kochstelle nehmen und den Boden sofort in eine Schüssel mit kaltem Wasser tauchen, damit der Kochvorgang stoppt.

▸ **ACHTUNG!** *Den Karamell nicht übergaren, da er schnell anbrennt.*

4 Den Boden der Pfanne abtrocknen, dann den Karamell vorsichtig in einem beliebigen Muster über die Meringue-Eier träufeln. Wahlweise den Karamell mit einem Löffel darüber träufeln.

▸ **SERVIER-TIPP** *Die Schnee-Eier mit den gerösteten Mandeln bestreuen und sofort servieren.*

Die gerösteten Mandeln sind ein knuspriger Gegensatz zu den leichten Schnee-Eiern und der cremigen Sauce.

Der Karamell sorgt für ein schönes Muster.

Schnee-Eier mit Schokoladensauce

In dieser Variante begleitet eine Schokoladensauce die Schnee-Eier, die mit geschmolzener Schokolade verziert werden.

1 Den Karamell, die Mandelblättchen und die Vanillestange bzw. die Vanille-Essenz weglassen. 300 g Schokolade in große Stücke schneiden. Mit einem Kochmesser oder in der Küchenmaschine unter Zuhilfenahme des Impulsschalters hacken.

2 Die Sauce zubereiten, dabei anstelle der Vanillestange bzw. der Vanille-Essenz zwei Drittel der gehackten Schokolade verwenden. Die Milch unter Rühren vorsichtig erhitzen, bis die Schokolade geschmolzen und glatt ist; nicht aufkochen lassen. Die Sauce wie beschrieben fertig stellen.

3 Wie beschrieben 18 Meringue-Eier herstellen und pochieren. Die beiseite gestellte gehackte Schokolade in eine Schüssel geben. Die Schüssel in einen Topf mit heißem Wasser setzen und die Schokolade unter gelegentlichem Umrühren erwärmen, bis sie gerade geschmolzen ist.

4 Die Schokoladensauce auf 6 flache Portionsschüsseln verteilen und die Schnee-Eier hineingeben. Mit einem Löffel die geschmolzene Schokolade wie oben gezeigt auf die Eier träufeln.

Nuit Saint-Georges

🍽 10 Portionen   🥣 Arbeitszeit 1 Stunde   Back- und Kochzeit etwa 25 Minuten

Nuit Saint-Georges ist ein Dorf an der Burgunder Weinstraße. Das Dessert wird zu besonderen Anlässen serviert.

1 Für den Teig Eier und Zucker in eine Schüssel geben. In ein warmes Wasserbad von 60 °C stellen und cremig schlagen. Aus dem Bad nehmen und weiterschlagen, bis die Creme erkaltet ist.

2 Das Mehl vorsichtig untermischen. Eine rechteckige Backform ausfetten und mit Mehl ausstreuen. Den Teig 1 cm hoch einfüllen.

3 Im Backofen bei 180 °C (Gas Stufe 2–3) 15 Minuten backen. Auf ein Kuchengitter stürzen; erkalten lassen.

4 Die Johannisbeeren waschen und abstreifen. In einem Topf mit sehr wenig Wasser und dem Zucker bei mittlerer Hitze weich kochen, dann lauwarm abkühlen lassen. Den Sirup in eine Schüssel abgießen.

Was Sie brauchen

Für den Teig
- 3 Eier
- 60 g Zucker
- 60 g Weizenmehl, Type 405

Für die Mousse
- 300 g schwarze Johannisbeeren
- etwa 120 g Zucker
- 8 Blatt Gelatine
- 400 g Crème fraîche

Für die Glasur
- 4 Blatt Gelatine
- 200 g Johannisbeergelee
- Butter und Mehl für die Form

5 Die Gelatine in kaltem Wasser einweichen. Dann ausdrücken und unter den Johannisbeersirup ziehen. In den Kühlschrank stellen.

6 Die Crème fraîche steif schlagen. Den Sirup aus dem Kühlschrank nehmen. Die Hälfte der Crème fraîche untermischen, dann die restliche Crème vorsichtig unterziehen.

7 Den Kuchen in eine rechteckige, gefriergeeignete Form mit hohem Rand legen, die die Maße der Backform hat. Die Johannisbeermousse darauf geben und verstreichen. Zudecken und eine Stunde in das Gefriergerät stellen.

8 Inzwischen für die Glasur die Gelatineblätter in kaltem Wasser einweichen, dann ausdrücken. In einem Topf das rote Johannisbeergelee aufkochen lassen. Die Gelatine zufügen und gut verrühren. Die Glasur lauwarm abkühlen lassen und anschließend auf den Kuchen streichen.

9 15 Minuten vor dem Servieren den Kuchen mit 2 Pfannenwendern vorsichtig aus der Form heben. Auf eine Platte legen und 15 Minuten in den Gefrierschrank stellen. Dann herausnehmen und in Würfel schneiden.

▸ **PROFI-TIPP** *Den Zucker für die Mousse sollten Sie nach Ihrem oder dem Geschmack Ihrer Gäste bemessen; 120 g ist die mittlere Menge. Die Backform und die Form für das Gefriergerät müssen dieselben Maße haben.*

▸ **SERVIER-TIPP** *Dazu passt Obstsaft oder Mineralwasser.*

Apfeltarte Hausfrauenart

6–8 Portionen · **Arbeitszeit 40–45 Minuten*** · **Kochzeit 30–40 Minuten**

Geräte

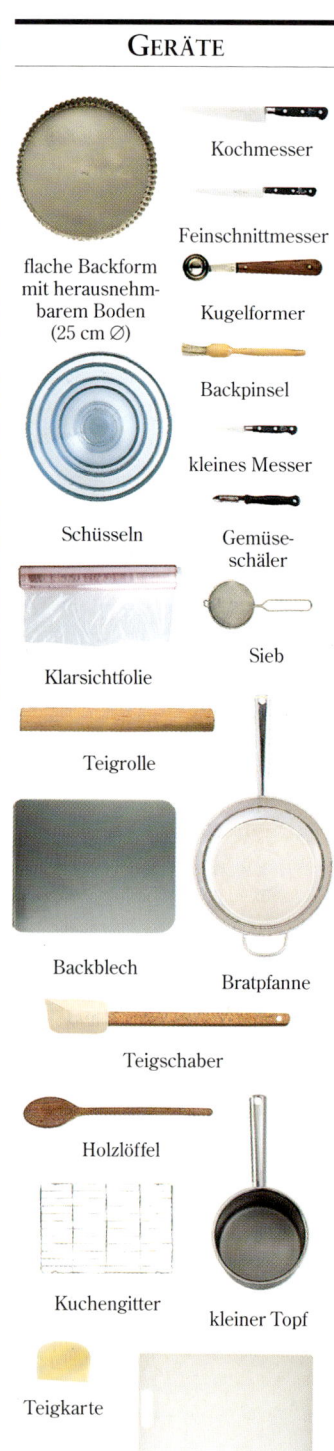

- flache Backform mit herausnehmbarem Boden (25 cm ⌀)
- Schüsseln
- Klarsichtfolie
- Teigrolle
- Backblech
- Teigschaber
- Holzlöffel
- Kuchengitter
- Teigkarte
- Kochmesser
- Feinschnittmesser
- Kugelformer
- Backpinsel
- kleines Messer
- Gemüseschäler
- Sieb
- Bratpfanne
- kleiner Topf
- Schneidbrett

Jede französische Hausfrau hat ihre eigene Version dieser Apfeltarte; das hier vorgestellte Rezept kommt aus der Normandie. Tartes sind flache, in der Regel runde Blechkuchen mit salzigem oder süßem Belag.

Im Voraus

Der Zuckerteig kann 2 Tage im Voraus hergestellt und fest eingepackt im Kühlschrank aufbewahrt werden. Die Apfeltarte schmeckt am besten frisch gebacken.

*plus 45 Minuten zum Kühlen

Was Sie brauchen

1,4 kg Kochäpfel
2 EL Butter
1 TL Vanille-Essenz
4 EL Zucker, mehr nach Geschmack
Saft von ½ Zitrone
Für den Zuckerteig
175 g Mehl, mehr nach Bedarf
90 g Butter, mehr für die Backform
4 EL Zucker
½ TL Vanille-Essenz
¼ TL Salz
3 Eigelbe
Für die Glasur
4 EL Aprikosenmarmelade
1–2 EL Wasser

Zutaten

- Kochäpfel
- Vanille-Essenz
- Salz
- Zucker
- Butter
- Mehl
- Zitronensaft
- Aprikosenmarmelade
- Eigelb

Arbeitsfolge

1 Den Zuckerteig herstellen und die Äpfel vorbereiten

2 Die Backform auslegen

3 Die Tarte fertig stellen und backen

Apfeltarte Hausfrauenart

1 Den Zuckerteig herstellen und die Äpfel vorbereiten

Mit der Messerklinge um den Stielansatz schneiden und den Ansatz entfernen.

1 Den Zuckerteig herstellen und kühlen (siehe Kasten S. 148). Das Apfelkompott zubereiten. Dazu mit dem Gemüseschäler zwei Drittel der Äpfel schälen, dann mit dem kleinen Messer die Blüten- und Stielansätze herausschneiden.

2 Mit dem Kochmesser die Äpfel halbieren, dann mit dem Kugelformer die Kerngehäuse entfernen.

3 Einen Apfel mit der Schnittseite nach unten auflegen, quer in 5 mm dicke Scheiben schneiden. Übereinander legen und in 5 mm dicke Streifen schneiden.

Die Apfelwürfel garen in der Butter.

4 Die Streifen bündeln und quer in Würfel schneiden. Mit den restlichen Äpfeln ebenso verfahren.

5 In der Bratpfanne die Butter zerlassen. Die Apfelwürfel, die Vanille-Essenz und 2 EL Zucker hineingeben. Bei mittlerer Hitze unter häufigem Umrühren 10–15 Minuten garen, bis die Äpfel sehr weich sind. Abschmecken und bei Bedarf noch zuckern. Abkühlen lassen.

Wie man Zuckerteig herstellt

Zucker- oder Sandteig ist in Frankreich der beliebteste süße Teig. Sein hoher Anteil an Zucker und Eigelb gibt ihm eine krümelige Struktur.

1 Das Mehl auf die Arbeitsfläche sieben und in die Mitte eine Vertiefung drücken. Die Butter mit der Teigrolle weich klopfen.

2 Den Zucker, die weiche Butter, die Vanille-Essenz, Salz und die Eigelbe in die Vertiefung geben.

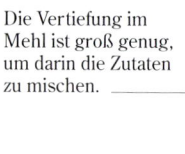

Die Vertiefung im Mehl ist groß genug, um darin die Zutaten zu mischen.

3 Mit den Fingerspitzen die Zutaten in der Vertiefung sorgfältig vermischen.

4 Mit der Teigkarte das Mehl vom Rand her in die Mitte schieben und alles von Hand verarbeiten, bis eine grobkrümelige Masse entsteht.

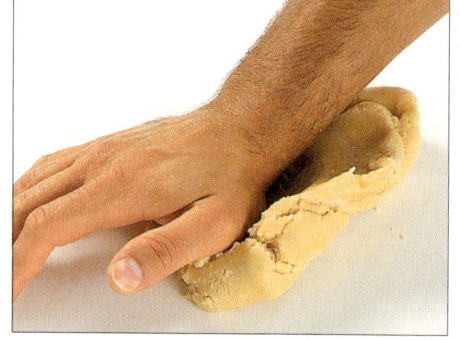

5 Mit den Fingern die Krümel fest zu einer Teigkugel zusammendrücken. Falls der Teig zu klebrig ist, noch etwas Mehl einarbeiten. Die Arbeitsfläche leicht bemehlen.

6 Die Teigkugel auf die Arbeitsfläche legen und mit dem Handballen von sich weg schieben. Wieder aufnehmen und 1–2 Minuten so weiterkneten, bis der Teig sehr glatt ist und sich leicht löst.

7 Den Teig zu einer Kugel formen, fest in Klarsichtfolie wickeln und etwa 30 Minuten kühl stellen, bis er fest ist.

APFELTARTE HAUSFRAUENART

Die Äpfel werden in dünne Scheiben geschnitten, damit man sie später auf der Tarte in einem attraktiven Muster auslegen kann.

Der Zitronensaft verhindert, dass sich die Äpfel verfärben.

6 Die restlichen Äpfel schälen und vom Kerngehäuse befreien. Mit der flachen Seite nach unten auf das Schneidbrett legen, mit dem Feinschnittmesser quer in dünne Scheiben schneiden.

7 Die Apfelscheiben in eine mittelgroße Schüssel geben und mit dem Zitronensaft beträufeln. Wenden, damit sie vollständig überzogen sind.

2 DIE BACKFORM AUSLEGEN

1 Die Backform mit zerlassener Butter auspinseln. Die Arbeitsfläche leicht bemehlen und den gekühlten Teig zu einer Platte mit 30 cm ⌀ ausrollen.

2 Die Teigplatte um die Teigrolle legen und den Teig über der Backform abrollen. Den Teigrand leicht mit einer Hand anheben und den Teig mit der anderen Hand gut am Boden der Form anpressen, dabei Risse zusammendrücken und den Teig am Innenrand leicht überlappen lassen, damit dort zusätzlicher Teig vorhanden ist.

Der überschüssige Teig wird mit der Teigrolle abgeschnitten.

3 Mit der Teigrolle über die Form rollen und den überstehenden Teig abtrennen.

4 Den Teig an den Seiten von unten gleichmäßig hochdrücken, damit der Rand etwas höher wird. Etwa 15 Minuten kühlen, bis der Teig fest ist. Das Backblech in den Ofen schieben und den Ofen auf 200 °C (Gas Stufe 3–4) vorheizen.

▸ **PROFI-TIPP** *Ein tiefer Boden hat Raum für eine große Füllung.*

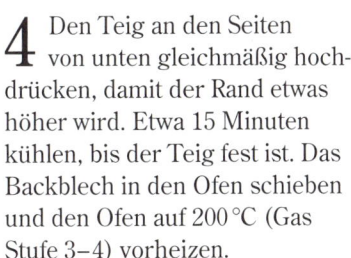

Die Teigrolle sorgt für einen sauberen Rand.

APFELTARTE HAUSFRAUENART

3 Die Tarte fertig stellen und backen

Die Apfelscheiben auf das Kompott legen, dabei am Rand beginnen und zur Mitte hin arbeiten.

1 Das abgekühlte Apfelkompott auf dem Kuchenboden verteilen und die Apfelscheiben in konzentrischen Kreisen überlappend darauf legen. Mit 2 EL Zucker bestreuen.

2 Die Apfeltarte auf dem Backblech im vorgeheizten Ofen 15–20 Minuten backen, bis der Teig am Rand goldbraun wird. Die Ofentemperatur auf 180 °C (Gas Stufe 2–3) herabsetzen und die Tarte weitere 15–20 Minuten backen, bis die Apfelscheiben weich sind und der Teigrand sich goldbraun verfärbt hat. Die Tarte auf dem Kuchengitter leicht abkühlen lassen, dann die Form auf eine Schüssel setzen und den Rand lösen und abnehmen.

▸ **PROFI-TIPP** *Die Apfelscheiben sollten am Rand braun sein, damit sich ein attraktives Muster ergibt. Gegebenenfalls die Tarte noch 2–3 Minuten grillen, damit sie braun werden.*

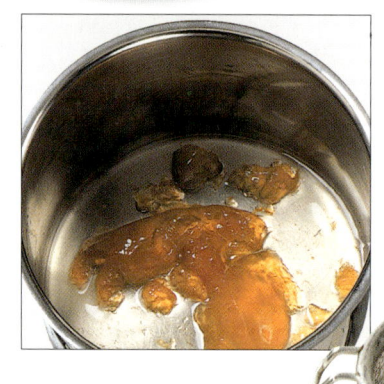

Die Aprikosenglasur mit dem Teigschaber durch das Sieb streichen.

Die Masse wird durch das Sieb gestrichen, damit sie glatt ist.

3 Die Tarte noch ein wenig abkühlen lassen, dann vom Formboden auf eine Servierplatte gleiten lassen.

▸ **ACHTUNG!** *Den Formboden nicht zu früh entfernen, weil der Kuchen sonst brechen kann.*

4 Inzwischen für die Glasur in dem kleinen Topf die Aprikosenmarmelade mit dem Wasser unter Rühren erhitzen, bis sie geschmolzen ist. Die Masse durch das Sieb streichen, dann wieder in den Topf geben und bei geringer Hitze nochmals erwärmen.

APFELTARTE HAUSFRAUENART

5 Die Äpfel und den Kuchenrand mit der Aprikosenglasur bestreichen.

Die Glasur vorsichtig verstreichen, damit die Apfelscheiben nicht verrutschen.

Die Aprikosenglasur verleiht der Tarte Glanz.

▶ **SERVIER-TIPP** *Die Tarte warm oder zimmerwarm und nach Belieben mit Crème fraîche oder Vanilleeis servieren.*

Unter der Schicht aus Apfelscheiben verbirgt sich die süße Apfelkompott-Füllung.

Apfeltörtchen

Wenn man die Apfeltarte in Törtchenformen bäckt, wird aus der Tarte ein elegantes Dessert. Dieses Rezept, das in seiner Heimat Frankreich Tartelettes aux Pommes heißt, ergibt 6 Portionen.

1 Wie im Hauptrezept beschrieben den Zuckerteig herstellen und die Äpfel vorbereiten.

2 6 Törtchenformen mit 10 cm ⌀ mit zerlassener Butter auspinseln. Die Arbeitsfläche leicht bemehlen und den gekühlten Teig 3 mm dick ausrollen. Die Törtchenformen so zusammenstellen, dass sich ihre Ränder fast berühren. Den Teig wie beschrieben über den Formen abrollen und die Formen auslegen. Mit den Fingern den Teig gut am Boden und am Rand der Formen andrücken, sodass ein sauberer Törtchenboden entsteht. Etwa 15 Minuten kühlen, bis der Teig fest ist.

3 Ein Backblech in den Ofen schieben und den Ofen auf 200 °C (Gas Stufe 3–4) vorheizen. Auf jeden Törtchenboden einige Löffel Apfelkompott geben. Die Apfelscheiben überlappend auflegen und mit Zucker bestreuen.

4 Die Törtchen auf dem Backblech im vorgeheizten Ofen etwa 20 Minuten backen, bis sich der Teigrand und die Äpfel goldbraun verfärben. Die Törtchen nach Belieben wie beschrieben übergrillen. Wie im Hauptrezept beschrieben abkühlen lassen, dann vorsichtig aus der Form nehmen.

5 Die Aprikosenglasur herstellen und die Törtchen wie beschrieben glasieren.

Mandelkuchen auf Art von Bresse

12 Stücke   **Arbeitszeit 35 Minuten**   **Backzeit 28–33 Minuten**

Dieser Kuchen wird als Dessert serviert. Er stammt aus der Region Bresse in Ostfrankreich und heißt dort Tarte aux Pralines. Die Landschaft ist vor allem für ihre Geflügelzucht, aber auch die Trüffeln berühmt. Für Liebhaber von Süßem ist die Schokolade aus Bourg-en-Bresse, der Hauptstadt des Gebiets, sehr zu empfehlen.

Was Sie brauchen

Für den Mürbeteig
125 g Butter
125 g Weizenmehl, Type 405
1 TL Salz
3–4 EL Wasser
Für den Belag
20 g gebrannte Mandeln
2 EL Crème fraîche
20 g Mandelsplitter
1 unbehandelte Orange
Zucker nach Belieben
Fett für die Form
Mehl zum Bestreuen
Hülsenfrüchte zum Blindbacken

1 Für den Mürbeteig die Butter, das Mehl, das Salz und 3 EL Wasser verrühren, dann schnell zu einem glatten Teig kneten. Bei Bedarf noch Wasser zufügen.

2 Den Teig zudecken und im Kühlschrank 30 Minuten kalt stellen.

3 Eine Tarteform ausfetten. Die Arbeitsfläche mit Mehl bestreuen. Den Teig darauf ausrollen und in die Tarteform legen.

4 Backpapier und zum Beschweren Hülsenfrüchte auf den Teig legen. Im Backofen bei 180 °C (Gas Stufe 2–3) 20–25 Minuten blindbacken, bis der Teig Farbe anzunehmen beginnt.

5 In der Zwischenzeit für den Belag die gebrannten Mandeln zerkleinern. In einen kleinen Topf geben und die Crème fraîche zufügen. Bei schwacher Hitze schmelzen lassen. Die Mandelsplitter zufügen.

6 Die Mischung etwas einkochen lassen, dann die Mandelmasse auf den Kuchenboden streichen.

7 Im Backofen bei 180 °C (Gas Stufe 2–3) etwa 8 Minuten backen, bis der Belag goldgelb ist.

8 Die Orange waschen, trocknen und in dünne Scheiben schneiden. In einen kleinen Topf geben und den Saft bei schwacher Hitze zu Sirup kochen.

9 Bei Bedarf Zucker zufügen. Die Orangen auf dem Kuchen verteilen und mit dem Sirup begießen.

▶ **PROFI-TIPP** Mandeln kann man auch selbst brennen. Dazu lässt man Zucker in einer Pfanne schmelzen und wendet die Mandeln darin bei starker Hitze.

▶ **SERVIER-TIPP** Dazu passt ein halbtrockener oder halbsüßer Champagner oder ein lieblicher Sauternes.

Weintraubenkuchen

*Dieser Kuchen wird in der Champagne zur Zeit der Weinernte gebacken.
Das Rezept ergibt 8–12 Stücke.*

1 Den Mürbeteig wie im Hauptrezept beschrieben zubereiten und blindbacken.
2 Etwa 15 Löffelbiskuits zerkleinern und auf den Mürbeteig geben. Die Schicht sollte knapp 1 cm hoch sein. 550 g dunkle Weintrauben waschen, trockentupfen und abzupfen. Die Trauben dicht aneinander auf den Kuchen legen. Mit Puderzucker bestreuen.
3 In den warmen Backofen schieben und bei 200 °C (Gas Stufe 3–4) backen, bis die Trauben weich und der Kuchen goldbraun sind. Warm oder kalt servieren.

Wissenswertes

Die französischen Landschaften bieten eine Vielfalt an frischen Produkten, köstlichem Käse und eine große Auswahl an Fleisch und Geflügel. Mit wenigen Grundtechniken und einer Hand voll traditioneller Rezepte lassen sich die Zutaten variieren und daraus verfeinerte, aber einfache Gerichte zaubern, die von Generation zu Generation weitergegeben werden.

Küchenausrüstung

In der französischen ländlichen Küche gibt es keine Spezialküchenausrüstung, denn die Köche verlassen sich auf traditionelle Werkzeuge. Zunächst benötigt man ein scharfes Kochmesser zum Hacken und zum Schneiden von Fleisch und Geflügel sowie ein oder zwei kleinere Messer für das Gemüse. Die Messer sollten regelmäßig mit einer Schleifklinge oder einem Schleifstein geschärft und sorgfältig aufbewahrt werden, damit die Klinge nicht beschädigt wird. Ein Schneebesen wird häufig verwendet, um Saucen glatt zu rühren oder Eiweiß zu schlagen. Zur Standardausrüstung gehören auch ein Gemüseschäler, eine Reibe, eine Zitronenpresse, Holzlöffel zum Rühren sowie Schaumlöffel, um Zutaten aus Flüssigkeiten herauszuheben. Außerdem benötigt man ein Sieb, einen Durchschlag und einen Teigschaber.

In diesem Band finden Sie einige Tarte- und Quiche-Rezepte, für die eine Teigrolle und ein nicht biegsames, schweres Backblech benötigt werden; zudem ist eine geriffelte oder eine glatte Backform mit abnehmbarem Boden erforderlich. Um ein erfolgreiches Ergebnis zu erhalten, sollte die Form die im Rezept angegebene Größe haben.

Die Terrine auf ländliche Art wird in einer länglichen Terrinenform mit glatten Wänden und einem Deckel gebacken. Ist keine traditionelle Crêpe-Pfanne vorhanden, eignet sich für die Zubereitung von Crêpes eine kleine Bratpfanne. Eine große Sauteuse oder eine Bratpfanne sowie eine Bratenpfanne benötigt man für viele Gerichte. Eine flache, ovale oder eckige ofenfeste Platte wird in Frankreich häufig zum Backen oder zum Bräunen von Gratins und gefüllten Crêpes verwendet. Hier ist es von Vorteil, eine attraktive Platte zu nehmen – das Gericht kann dann aus dem Backofen direkt auf den Tisch gebracht werden, denn es sollte kochend heiß serviert werden. Feuerfestes emailliertes Gusseisen oder weiße hitzebeständige Keramikteller sind sehr beliebt. Die Wahl sollte auf eine flache Form fallen, sodass die Ofenhitze die Oberfläche trocknet und sich eine goldbraune Kruste bildet. Zum Schmoren von Hühnern und Kaninchen oder zur Zubereitung eines Lammtopfs braucht man unbedingt einen schweren Topf mit Deckel und hitzebeständigen Griffen – der Boden sollte so dick sein, dass beim Köcheln das Gargut nicht ansetzt. Die Töpfe und Pfannen sollen unbedingt für den jeweiligen Zweck geeignet sein.

In der traditionellen französischen Küche findet man keine Küchenmaschine, doch lässt sich in bestimmten Rezepten dieses Bandes beim Hacken und Pürieren mit der Maschine Zeit sparen. Auch ein Mixer ist geeignet, aber dann sollten die Zutaten in kleinen Portionen verarbeitet werden. Ein elektrisches Handrührgerät nimmt die mühsame Arbeit des Schlagens von Sahne, Creme und Eiweiß ab.

Zutaten

Jedes noch so kleine Dorf in Frankreich ist stolz auf seinen Wochenmarkt. Am Markttag stehen die Dorfbewohner früh auf und suchen sich auf dem Markt die Produkte aus heimischem Anbau aus – danach kehren die Menschen mit einem überquellenden Korb frischer Zutaten nach Hause zurück. In der Regel werden sämtliche Gerichte aus heimischen Produkten zubereitet, die zu der jeweiligen Jahreszeit erhältlich sind. Da Frankreich zu einem großen Teil von Meeren begrenzt wird, ist es nicht überraschend, dass von der Bretagne im Nordwesten bis zur sonnigen Provence im Süden Meerestiere in vielen Menüs den Mittelpunkt bilden. Auch Geflügel wird oft für die Hauptmahlzeit ausgewählt. In diesem Band erhalten Sie viele Ideen, wie man Hühner sautiert oder mariniert und dann in einer Sauce schmort. Zusätzlich finden Sie Rezepte für die Zubereitung von Ente und Küken. Die vier Hauptfleischsorten, besonders Schweinefleisch, werden ebenfalls sehr geschätzt und oft mit Gemüse, Wein und Fond weich geschmort. Gemüse dient in der französischen Küche nicht nur als Beilage, es spielt eine entscheidende Rolle zur Aromatisierung jeder Art von Gerichten. Sehr wichtig ist die Lauchfamilie – Zwiebel, Knoblauch, Lauch und Schalotten. Möhren und Sellerie, Tomaten, Pilze, Kartoffeln und andere Wurzelgemüse kommen noch hinzu. Der Süden des Landes schwelgt in sonnengereiften Tomaten, Paprika, Auberginen und Zucchini, während in Burgund Wildpilze im Herbst so beliebt sind, dass es nicht unge-

wöhnlich ist, wenn ganze Familien in den Wäldern auf Pilzsuche gehen. Der Jahreszeit entsprechend geben Früchte der Saison pikanten Saucen ein besonderes Aroma. Im Herbst wird Ente mit Birnen kombiniert, während im Frühjahr frische Kirschen gewählt werden. Besonders im Sommer rundet frisches Obst die Mahlzeit ab. Im Winter kommen getrocknete und frische Früchte, etwa Äpfel, als Dessert und in Kuchen auf den Tisch. Molkereiprodukte sind aus der französischen Küche nicht wegzudenken. So gibt Butter den Saucen den typischen Geschmack oder dient als Bindemittel, Crème fraîche macht Saucen schmackhafter und Schlagsahne ist eine Hauptzutat in vielen Desserts. Nicht vergessen sollte man die äußerst aromatischen Öle. Während am Mittelmeer Olivenöl das bevorzugte Fett ist, werden in der Mitte des Landes Walnuss-, Haselnuss- und anderes Nussöl bevorzugt. Und im Südwesten Frankreichs verwendet man gern Gänseschmalz in Gebäck und in schmackhaften Gerichten.
Petersilie, Thymian, Rosmarin, Estragon und Kerbel sind die üblichen Kräuter in der französischen Küche, die oft im heimischen Garten wachsen. Die wohlriechenden Blätter werden dem Gericht oft erst in letzter Minute zugefügt, damit der Geschmack erhalten bleibt. Die vielleicht wichtigste Zutat ist der Fond – er gilt als Grundlage der französischen Küche. Rinder-, Kalbs- oder Hühnerfond kann nach dem Anbraten des Fleisches für die Herstellung einer Bratensauce zugefügt werden oder bildet die Basis für Suppen, Saucen oder Eintöpfe.

Rinder- und Kalbsfond

🍽 Für 2–3 Liter

⏲ Arbeitszeit 20–30 Minuten

🍲 Kochzeit 4–5 Stunden

Was Sie brauchen

2 kg Rinder- oder Kalbsknochen, in Stücke gehackt

mindestens 4 l Wasser

2 Zwiebeln, geviertelt

2 Möhren, geviertelt

2 Stangen Sellerie, geviertelt

10 Pfefferkörner

1 großes Bouquet garni

1 EL Tomatenpüree

1 Den Ofen auf 230 °C (Gas Stufe 5) vorheizen. Die Knochen im Backofen 40 Minuten unter Wenden bräunen. Das Gemüse in die Pfanne geben und bräunen.

2 Knochen und Gemüse in einen großen Topf geben. Das Fett aus der Pfanne gießen. $1/2$ l Wasser zugießen. Aufkochen lassen. Die restlichen Zutaten und das Wasser zugeben. 4–5 Stunden offen köcheln lassen, dabei abschäumen. Abgießen und nach Belieben weiterkochen. Abkühlen lassen, bedecken und kalt stellen. Das Fett abheben.

Fischfond

🍽 Für etwa 1 Liter

⏲ Arbeitszeit 10–15 Minuten

🍲 Kochzeit 20 Minuten

Was Sie brauchen

500 g Fischgräten und -köpfe, in 5 cm große Stücke geschnitten

1 Zwiebel, in dünne Scheiben geschnitten

$1/4$ l trockener Weißwein

1 l Wasser

3–5 Stängel Petersilie

1 TL Pfefferkörner

1 Die Fischgräten und -köpfe waschen. Zusammen mit den übrigen Zutaten in einen mittelgroßen Topf geben.

2 Zum Kochen bringen und 20 Minuten köcheln lassen, dabei von Zeit zu Zeit den Schaum abschöpfen.

3 Den Fischfond durch ein Sieb in eine Schüssel gießen. Abkühlen lassen, dann zudecken und kalt stellen.

Hühnerfond

🍽 Für etwa 2 Liter

⏲ Arbeitszeit 15 Minuten

🍲 Kochzeit bis zu 3 Stunden

Was Sie brauchen

1 kg Hühnerrückenknochen und -hälse, ungekocht

1 Zwiebel, geviertelt

1 Möhre, geviertelt

1 Stange Sellerie, geviertelt

1 Bouquet garni

5 schwarze Pfefferkörner

2 l Wasser, mehr nach Bedarf

1 Die Hühnerstücke und die restlichen Zutaten in einen Topf geben und mit Wasser bedecken.

2 Aufkochen und bis zu 3 Stunden köcheln lassen, dabei von Zeit zu Zeit den Schaum abschöpfen.

3 Den Fond durch ein Sieb in eine große Schüssel gießen. Abkühlen lassen, zudecken und kalt stellen.

Arbeitsmethoden

Der Franzose wählt zunächst gute Zutaten aus, dann verarbeitet er sie sorgfältig in der Küche. Besonderes Augenmerk legt er auf die Grundmethoden, etwa das richtige Schneiden von Gemüse oder die richtige Garzeit einer Suppe. In diesem Band sind Illustrationen sämtlicher Grundverfahren zu finden. So erfahren Sie, wie man Geflügel, Schweinefleisch und Lamm braun brät, um ein intensives Aroma zu erreichen, wie man eine Mehlschwitze aus Butter und Mehl für die Sauce anrührt und wie man eine Vielfalt von Zutaten, von Pilzen bis Huhn, richtig sautiert.

Und in einigen Rezepten wird die Zubereitung nicht alltäglicher Zutaten, etwa Kaninchen und Ente, erklärt.

In diesem Band werden unterschiedliche Garmethoden gezeigt – die Bandbreite reicht vom Schmoren des Fleisches bei Lammkeule mit Zwiebelgemüse über das Braten in der Pfanne beim Pfeffersteak bis hin zur Zubereitung eines ganzen Fisches bei Gebackenem Wolfsbarsch mit Kräuterbutter. Weitere Techniken sind das Frittieren und Köcheln. Es findet sich auch eine Anleitung, wie man süßen und wohlschmeckenden Teig zubereitet und bäckt, wie Crêpes gebacken und wie Eiweiß für Baiser geschlagen wird. Zur Herstellung von Saucen sollte man wissen, wie aus Eigelb, Zucker und Milch eine Vanillecreme entsteht, die auch Basis für Eiscreme ist. Die Zubereitung einer einfachen Cremesauce und der köstlichen *beurre blanc* oder Buttersauce ist ebenso verständlich dargestellt.

Wie in anderen Bänden der Reihe werden Grundtechniken, die regelmäßig wiederkehren, Schritt für Schritt beschrieben. So wird gezeigt, wie Kräuter fein gehackt und wie Tomaten abgezogen, von den Kernen befreit und klein geschnitten werden; Sie sehen auch, wie man Zwiebeln hackt und in Scheiben schneidet und wie man Paprikaschoten vom Kerngehäuse befreit und in Streifen schneidet. Zudem erfahren Sie, wie Hühner-, Rinder-, Kalbs- und Fischfond zubereitet, wie ein Bouquet garni zusammengestellt und wie Knoblauch fein gehackt wird.

Mikrowellengerät

Einige der Rezepte in diesem Band sind für das Garen im Mikrowellengerät geeignet, besonders zum Braten und Köcheln. Dadurch lässt sich viel Zeit sparen, z.B. verkürzt sich die Garzeit beim Eintopf mit Lammfleisch: Man brät die Lammwürfel auf dem Herd und kann sie dann im Mikrowellengerät fertig garen. Das Kaninchen wird mariniert und braun gebraten wie im Rezept Provenzalisches Kaninchen beschrieben, dann wird es im Mikrowellengerät geschmort. Das Mikrowellengerät beschleunigt auch die Garzeit für den Milchreis-Pudding mit Pfirsich: Bereiten Sie die Zutaten wie beschrieben zu und kochen Sie den Reispudding in der Mikrowelle. Sie sollten ihn dabei regelmäßig kontrollieren und das Gargut häufig umrühren. Auch Gemüse kann schnell und einfach im Mikrowellengerät gegart werden. Da Gemüse für viele der hier beschriebenen Rezepte die Grundlage bildet oder für Füllungen verwendet wird, ist ein Mikrowellengerät nützlich. So kocht man den Spinat und die Pilze für den Spinat-Pilz-Tian im Mikrowellengerät, dann füllt man sie in eine Backform, fügt die restlichen Zutaten zu und bäckt sie im Backofen, bis sie braun sind. Die Dekoration aus roten Paprika- und Pfefferschoten sowie Zwiebeln beim Omelett nach Baskenart ist in der Mikrowelle in wenigen Minuten gegart; sie wird unter die Eiermischung gerührt und anschließend brät man das Omelett in der Pfanne. Kochen Sie das Lauch für die Quiche mit Lauch und Käse im Mikrowellengerät, legen Sie ihn in die Tarteform mit dem Senf und dem Käse und backen ihn im Backofen.

Das Mikrowellengerät ist auch bei der Zubereitung bestimmter Grundzutaten hilfreich, z.B. kann es das Schälen kleiner Zwiebeln oder Schalotten vereinfachen: 90 g saubere Zwiebeln oder Schalotten in ein mikrowellengeeignetes Gefäß legen und bei höchster Stufe (100 % Leistung) 45 Sekunden erhitzen; dann am Stielende drücken, bis die Zwiebeln oder Schalotten aus der Schale gleiten. Sie können in der Mikrowelle auch Speck garen und Schokolade schmelzen. Bei allen Rezepten sollten Sie die Anleitungen des Geräteherstellers beachten.

Käse in der ländlichen französischen Küche

Käse, besonders Gruyère und Parmesan, hat in der französischen Küche eine große Bedeutung und wird meist in einem separaten Gang gegessen. Er kann vor dem Dessert, zusammen mit Früchten oder statt des Desserts serviert werden. Wichtig ist die ausgewogene Wahl der Käsesorten für eine Käseplatte. Die Auswahl ist reichhaltig, doch sollte man Aussehen, Geschmack und Beschaffenheit berücksichtigen. Eine gute Wahl ist ein Hartkäse, z.B. Gruyère oder Gruyère de Comté, ein Blauschimmelkäse – hier empfiehlt sich Bleu d'Auvergne, bekannter ist jedoch der Roquefort – und ein Weichkäse, etwa ein Brie oder ein Pont l'Evèque. Zusätzlich kann man die Käseplatte mit Ziegenkäse ergänzen. Man sollte sich daran erinnern, dass es in Frankreich 365 Käsesorten gibt – für jeden Tag des Jahres eine.

Wissenswertes

Bei der Auswahl von Käse ist der Reifegrad sehr wichtig, dabei sind sowohl der Geruch als auch das Aussehen ein gutes Indiz. Harter, alter Käse soll nussig, fast scharf riechen, während Käse mit hohem Fettgehalt aromatisch sein sollte – einige Sorten verströmen sogar einen beißenden Geruch. Doch sollte kein Käse so überreif sein, dass er nach Ammoniak riecht. Ein weiterer Qualitätsanzeiger ist die Käserinde. Bei Hartkäsen und den meisten Blauschimmelkäsen sollte die Rinde fest oder sogar krustig sein. Bei Weichkäse hingegen zeigt eine trockene Rinde an, dass er alt ist.

Ein Holzbrett oder eine große, flache dekorative Platte ist für ein Käsearrangement gut geeignet. Besonders attraktiv ist ein flaches geflochtenes Tablett, das mit essbaren Blättern, etwa Weinblättern, oder mit Papierservietten dekoriert wird. Käse sollte bei Zimmertemperatur serviert werden, als Beilage reicht man Brot nach Belieben; besonders zu empfehlen sind Nuss- und Rosinenbrot. Wenn Sie Käse in Scheiben schneiden, sollten Sie die Rinde belassen und zusammen mit dem weichen Teil servieren.

Französische ländliche Küche und Ernährung

Unabhängig vom Kochstil sind Abwechslung und Mäßigung der Schlüssel für eine vernünftige Ernährung. Abwechslung in der französischen ländlichen Küche lässt sich angesichts der Brandbreite der traditionell benutzten Zutaten leicht erreichen. Versuchen Sie das französische Beispiel nachzuahmen, indem Sie ausschließlich frische und qualitativ hervorragende Produkte verwenden.

Wer auf Fett und Kalorien achten muss, sollte Rezepte auswählen, in denen beim Garprozess wenig Fett benutzt wird, etwa beim Braten, Sautieren und Schmoren. Lammkeule mit Zwiebelgemüse, Huhn mit *herbes de Provence* und Knoblauchkartoffeln sowie Jakobsmuscheln à la Provençale sind gute Beispiele. Servieren Sie den Hauptgang mit Körnern und schlicht dekoriertem Gemüse.

Zur Verringerung der Cholesterinmenge kann man bei einigen Gerichten gesättigte Fettsäuren ersetzen oder weglassen. So kann beim Sautieren der Pilze beim Salat mit warmen Wildpilzen Olivenöl statt der Butter benutzt werden. Im Gebackenen Wolfsbarsch kann die Kräuterbutter durch eine Kräutersauce mit Öl ersetzt werden.

In anderen Rezepten können Sie Fett, Kalorien und Cholesterin reduzieren, indem sie einige Zutaten vollständig weglassen. Speck, Creme und Käse gehören zu dieser Kategorie. Planen Sie ausgewogene Menüs, achten Sie auf eine gesunde Auswahl frischer Produkte und verwenden Sie unterschiedliche Garmethoden.

Techniken

In diesem Buch werden die Arbeitsgänge anhand von Fotos Schritt für Schritt erklärt. Bestimmte Grundtechniken werden dabei in mehreren Rezepten angewendet; sie sind auf folgenden Seiten zu finden.

Wie man ein Bouquet garni bindet 114

Wie man Fischfond kocht 155

Wie man Hühnerfond kocht 155

Wie man Kirschen entsteint 127

Wie man Knoblauch abzieht und hackt 23

Wie man Kräuter hackt 67

Wie man Nüsse röstet und von ihrer Haut befreit 133

Wie man Paprikaschoten befreit, entkernt und zerkleinert 12

Wie man Rinder- oder Kalbsfond kocht 155

Wie man Schalotten hackt 79

Wie man Tomaten abzieht, entkernt und hackt . . 75

Wie man eine Vinaigrette herstellt 17

Wie man Zwiebeln hackt 87

Wie man Zwiebeln in Scheiben schneidet 117

Wie man Zuckerteig herstellt 148

157

Register

Die Umlaute ä, ö, ü werden wie a, o, u behandelt.

A

Anchovissauce, gefüllte Eier mit schwarzen Oliven und 13
Apfeltarte Hausfrauenart 146
Apfeltörtchen 151
Aprikosen-Haselnuss-Eis 132
Avocados, Soufflé aus 14

B

Baskenart, Omelett nach 42
Bauern-Cassoulet 89
Bauernomelett 45
Béarn, Tournedos auf Art des 110
Béarner Art, Fischsuppe 21
Birnen, Ente mit 65
Bordelaise, Entrecôte à la 52
Bouquet garni binden 114
Bresse, Mandelkuchen nach Art von 152

C

Cassoulet mit Ente und Lamm 84
Champignontorte, elsässische 34
Chicorée, Stubenküken mit 71

E

Eintopf mit Lammfleisch 92
Eisdesserts
   Aprikosen-Haselnuss-Eis 132
   Pflaumen-Armagnac-Eis 135
Elsässische Champignontorte 34
Ente
   Cassoulet mit Lamm und 84
   dressieren 61

Ente *(Forts.)*
   mit Birnen 65
   süßsauer mit Kirschen 60
   tranchieren 63
Entrecôte à la Bordelaise 52

F

Fenchel, sautiertes Huhn mit 77
Fisch und Meeresfrüchte
   Fischsuppe Béarner Art 21
   Flambiertes Huhn mit Garnelen 74
   Galettes mit Meeresfrüchten 36
   Gebackener Wolfsbarsch 54
   Jakobsmuscheln à la Provençale 48
   Pfeffermuscheln 51
   Provenzalische Fischsuppe 20
   Seezungenfilets mit Hummer 46
   Wolfsbarsch „Loire" 57
Flambiertes Huhn mit Garnelen 74
Fleisch
   Bauern-Cassoulet 89
   Cassoulet mit Ente und Lamm 84
   Eintopf mit Lammfleisch 92
   Entrecôte à la Bordelaise 52
   Gegrilltes Entrecôte 53
   Kalbskoteletts mit Senfsauce und Perlzwiebeln 115
   Kalbsmedaillons mit Salbei 58
   Kalbsragout mit Salbei 59
   Lamm mit Auberginen 97
   Lammkeule mit Kartoffeln 101
   Lammkeule mit Zwiebelgemüse 98
   Lammratatouille 95
   Mariniertes Lamm 96
   Pfeffersteak 104
   Potée Champenoise 102
   Schweinekoteletts mit Senfsauce 112
   Steak auf Jägerart 111
   Steak mit Weißwein und Schalotten 109
   Terrine auf ländliche Art 22
   Tournedos auf Art des Béarn 110

G

Galettes mit Meeresfrüchten 36
Garnelen, flambiertes Huhn mit 74
Gebackener Wolfsbarsch 54
Geflügel
   Cassoulet mit Ente und Lamm 84
   Ente mit Birnen 65
   Ente süßsauer mit Kirschen 60
   Flambiertes Huhn mit Garnelen 74
   Geschmortes Huhn mit Oliven 72
   Geschmortes Huhn mit Rahmsauce 73
   Huhn mit herbes de Provence und Knoblauchkartoffeln 81
   Potée Champenoise 102
   Sautiertes Huhn mit Fenchel 77
   Stubenküken in Weinblättern 66
   Stubenküken mit Chicorée 71
Gefüllte Eier mit schwarzen Oliven und Anchovissauce 13
Gemüse
   Gratin dauphinois 122
   Lammkeule mit Kartoffeln 101
   Lammkeule mit Zwiebelgemüse 98
   Lamm mit Auberginen 97
   Lammratatouille 95
   Provenzalisches Gratin 120
   Sautiertes Huhn mit Fenchel 77
   Soufflé aus Avocados 14
   Spinat-Pilz-Tian 119
   Stubenküken mit Chicorée 71
   Tapenade mit rohem 10
   Wurzelgemüse-Gratin 125
   Zucchiniterrine mit Joghurt 121
   Zucchini-Tian 116
Geschmortes Huhn
   mit Oliven 72
   mit Rahmsauce 73
Gratin
   dauphinois 122
   Provenzalisches 120
   Wurzelgemüse-Gratin 125

H, J

Hasenfilet mit Orangensauce 83
Hasenrücken mit Mousse 82

Herbes de Provence, Huhn mit Knoblauchkartoffeln und 81
Huhn mit herbes de Provence und Knoblauchkartoffeln 81
Hühnerleber, Salat mit warmer 19
Hummer, Seezungenfilets mit 46
Jakobsmuscheln à la Provençale 48

K

Kalbskoteletts mit Senfsauce und Perlzwiebeln 115
Kalbsmedaillons mit Salbei 58
Kalbsragout mit Salbei 59
Kaninchen
    auf Zigeunerart 90
    provenzalisches 78
Kartoffeln, Lammkeule mit 101
Käse, Quiche mit Lauch und 33
Kirschen
    Ente süßsauer mit 60
    entsteinen 127
    Kirsch-Clafoutis 126
Knoblauch
    abziehen und hacken 23
    Knoblauchkartoffeln, Huhn mit herbes de Provence und 81
Kräuter hacken 67
Kräuterbutter herstellen 55
Kuchen und Gebäck
    Apfeltarte Hausfrauenart 146
    Apfeltörtchen 151
    Kirsch-Clafoutis 126
    Mandelkuchen nach Art von Bresse 152
    Nuit Saint-Georges 144
    Pflaumen-Clafoutis 129
    Weintraubenkuchen 153

L

Lamm
    Cassoulet mit Ente und 84
    Eintopf mit Lammfleisch 92
    Lammkeule mit Kartoffeln 101
    Lammkeule mit Zwiebelgemüse 98
    mit Auberginen 97
    Mariniertes 96
    Lammratatouille 95
Ländliche Art, Terrine auf 22
Lauch, Quiche mit Käse und 33

M

Mandelkuchen nach Art von Bresse 152
Mariniertes Lamm 96
Meeresfrüchte, Galettes mit 36
Milchreis-Pudding
    mit Pfirsich 136
    mit Trockenfrucht-Kompott 139
Mirabellensoufflé 130
Mürbeteig zubereiten 29

N

Nuit Saint-Georges 144
Nüsse rösten und von ihrer Haut befreien 133

O

Oliven
    Gefüllte Eier mit Anchovissauce und 13
    Geschmortes Huhn mit 72
Omelett
    Bauernomelett 45
    nach Baskenart 42

P

Paprikaschoten vom Stielansatz befreien, entkernen und zerkleinern 12
Perlzwiebeln, Kalbskoteletts mit Senfsauce und 115
Pfeffermuscheln 51
Pfeffersteak 104
Pfirsich, Milchreis-Pudding mit 136
Pflaumen-Armagnac-Eis 135
Pflaumen-Clafoutis 129
Pilaw-Reis 50
Potée Champenoise 102
Provençale, Jakobsmuscheln à la 48
Provenzalische Fischsuppe 20
Provenzalisches Gratin 120
Provenzalisches Kaninchen 78

Q, R

Quiche
    mit Lauch und Käse 33
    Quiche Lorraine 28
Rahmsauce, geschmortes Huhn mit 73

S

Salat
    mit warmen Wildpilzen 16
    mit warmer Hühnerleber 19
Salbei
    Kalbsmedaillons mit 58
    Kalbsragout mit 59
Sautiertes Huhn mit Fenchel 77
Schalotten
    hacken 79
    Steak mit Weißwein und 109
Schinken-Käse-Galettes 41
Schnee-Eier 140
Schnee-Eier mit Schokoladensauce 140
Schweinekoteletts mit Senfsauce 112
Seezungenfilets mit Hummer 46
Senfsauce
    Kalbskoteletts mit Perlzwiebeln und 115
    Schweinekoteletts mit 112
Soufflé aus Avocados 14
Spinat-Pilz-Tian 119
Steak mit Weißwein und Schalotten 109
Stubenküken
    in Weinblättern 66
    mit Chicorée 71
Suppen
    Fischsuppe Béarner Art 21
    Provenzalische Fischsuppe 20

T

Tapenade mit rohem Gemüse 10
Teigboden blindbacken 30
Terrine
    auf ländliche Art 22
    Wildterrine 27
    Zucchiniterrine mit Joghurt 121
Tomaten abziehen, entkernen und hacken 75

Tournedos auf Art des Béarn 110
Trockenfrucht-Kompott, Milchreis-Pudding mit 139

V, W

Vinaigrette herstellen 17
Weinblätter, Stubenküken in 66
Weintraubenkuchen 153
Weißwein, Steak mit Schalotten und 109

Wild
- Hasenfilet mit Orangensauce 83
- Hasenrücken mit Mousse 82
- Kaninchen auf Zigeunerart 90
- Provenzalisches Kaninchen 78
- Wildterrine 27
Wildpilze, Salat mit warmen 16
Wolfsbarsch, gebackener 54
Wolfsbarsch „Loire" 57
Wurzelgemüse-Gratin 125

Z

Zigeunerart, Kaninchen auf 90
Zucchini-Tian 116
Zuckerteig herstellen 148
Zwiebeln
- hacken 87
- in Scheiben schneiden 117
Zwiebelgemüse, Lammkeule mit 98

Bildnachweis

EINBAND: Ulrich Kopp
Schritt-für-Schritt-Fotos: David Murray, Jules Selmes

INNENTEIL: David Murray, Jules Selmes

zusätzliche Rezeptfotos: Ulrich Kopp
(Foodstyling: Margit Kiefer, Barbara Kopp, Rita Prechsl):
14/15, 20/21, 34/35, 46/47, 52/53, 58/59, 72/73, 82/83, 90/91,
96/97, 102/103, 110/111, 120/121, 130/131, 144/145, 152/153